湛庐CHEERS

与最聪明的人共同进化

HERE COMES EVERYBODY

CHEERS
湛庐

从0到1的新获客瞬间

“未”顧客理解

[日] 芹泽连　著

刘倩　译

浙江教育出版社 · 杭州

测一测

你知道怎样高效获得新顾客吗？

扫码加入书架
领取阅读激励

扫码获取
全部测试题和答案，
一起学习低迷市场
环境下的新顾客开发法

- 在一些特定的小众市场，品牌想要获得增长，关键在于什么？（单选题）

  A. 把产品做得更独特

  B. 提高现有顾客的忠诚度

  C. 吸引那些偶尔购买或不购买的轻度用户

  D. 找明星代言，提升品牌知名度

- 如果品牌想要理解对其不感兴趣的群体（非顾客群体），更好的做法是什么？（单选题）

  A. 直接询问该群体的需求

  B. 基于更广阔的目标群体开发产品

  C. 直接询问该群体在什么情况下会购买产品

  D. 基于人们在实际使用产品时的思维模式投放广告

- 为了有效吸引非顾客购买产品，品牌应当着重增加的是什么？（单选题）

  A. 品牌与顾客生活的接触点（CEP）

  B. 广告投放的频率和范围

  C. 产品所具备的功能特性

  D. 销售渠道

扫描左侧二维码查看本书更多测试题

“能不能请你告诉我，打这儿走，我该走哪条路？”爱丽丝问。

“这在很多方面取决于你想到哪儿去。”那只猫说。

“我不大在意到哪儿去——”爱丽丝说。

“那么，你走哪条路就没有什么关系了。”那只猫说。

——

刘易斯 · 卡罗尔

本书的整体框架和概念整理

本书的整体框架	概念·专业用语汇总
第1章 第3章 **战略** ●为什么需要理解非顾客？ ●与迄今为止其他的市场营销方法有何不同？	负二项分布 双重危机 品牌接触点
↓	狄利克雷模型、$w(1-b)$ 模型
第2章 第4章 **理解非顾客** ●需要理解哪些方面？ ●如何加深理解？	理解生活情境 强化学习、行为价值函数
↓	叙事方法
第5章 **重新诠释品牌** ●如何贯彻落实措施？ ●有哪些商品或服务的具体案例？	行为分析 替代模型

去观察顾客所看见的世界

裴　亮
中国连锁经营协会名誉会长

消费市场正在进入存量竞争阶段，企业需要找到更高效的获客方法。社交网络和交互平台的发展，也为企业创新营销提供了更大的施展空间。

自菲利普・科特勒的《营销管理》面世以来，市场营销理论逐渐形成了形而上的体系框架，其概念和方法深深植入企业经营者的大脑，成为营销与获客的“不二法门”。但是，当数字化、互联网化全面融入现代商业和社会生活，这些理论体系和方法论也在与时俱进，并孕育出新思想和新方法。日本学者芹泽连的这本《从 0 到 1 的新获客瞬间》，就是对营销管理的一次破与立。

在零售和餐饮行业，无论是企业开展营销活动，还是专业机构为企业提供营销方案，总会遵循营销管理的一些原则和框架，比如营销学的 STP，即细分市场、目标市场、市场定位，就是被广泛采用的方法论。虽然有些营销方案并不成功，但人们很少质疑这些原则和框架。

《从 0 到 1 的新获客瞬间》对这些理所当然的观念提出了质疑。作者认为，“培养品牌的‘粉丝’并重视忠诚顾客，业绩就会增长”这种想法是错误的。“二八法则”在多数情况下不适用，品牌的销售额，很大一部分都是那些对品牌不感兴趣的轻度用户贡献的。书中写道：“‘我们的品牌独一无二，吸引了不同消费群体。’这种说法只是营销人员的一厢情愿，因为相同的顾客群体往往也会购买竞品。”

那么，应该做出怎样的改变呢？作者提出，**要真正掌握顾客视角，关键不在于掌握顾客的客观特征或属性，而应将焦点放在“人们所面对的世界”，去观察顾客所看见的世界，理解顾客行为的合理性**。作者提出的“零阶模型”揭示，消费者每次的消费行为就像掷骰子，即根据当时的情境随机做出选择，发现“当时的情境一行为”的规律，并制定营销策略，更接近消费者行为的本质。作者提出的观点与当下餐饮企业的营销实践非常契合，很多餐饮品牌已经摆脱原来的产品定位或目标顾客细分的思维方式，把满足消费者各种生活消费场景的需要作为产品组合和市场营销的立足点。

作者通过反驳一些营销“常识”，提炼出很多有价值的获客策略，包括：理解数据还不够，理解数据背后的行为逻辑才是关键；

对情境的理解，比对人的理解更重要；市场分析的起点不是顾客细分，而是品牌定位；品牌战略的核心不是忠诚度，而是渗透率。

既然互联网改变了我们的生产和生活方式，营销的思想和方法何尝不需要改变！作者提出的营销“新理论”就是在新时代背景下，对传统营销思想的一次系统性反省。相信书中的诸多“反常识”的观点和策略，有助于我们从既有的思维范式中跳脱出来，更接近消费者需求的本质，赢得顾客的青睐。

推荐序二

私域的困境与解法

徐志斌
见实科技 CEO
《关系飞轮》《小群效应》等畅销书作者

作者芹泽连虽然没有明着说，但在《从 0 到 1 的新获客瞬间》字里行间，对私域、DTC、社媒的不认可却溢于言表。比如，他会认为：

- **用户再怎么忠诚、复购率再高，最后都会趋于平淡，变成轻度用户（平均回归）。而且，针对同一群体反复使用一个策略，也会让效益递减、回报降低。**
- **社媒和口碑传播也不靠谱。只有份额较大的品牌，内容才会获得高曝光和高口碑。小品牌和小团队多会遭遇“双重危机定律”（小品牌的顾客及购买行动力、忠诚度都会不好）。甚至，很少有人会相信网红推荐。**

- **怎么可能会有人对某个品牌产生像对人一样的情感或态度？提高顾客的忠诚度对品牌的市场份额或业务增长几乎没有影响。你看美国的DTC品牌，在成功后纷纷开设实体门店，最终都会在线下与顾客建立联系。**

当然，这些并非他的原话，有转述的成分在内。这些观点对应的现象，是不是多为今天我们策划市场活动、获客增长的常规做法，乃至私域玩法增长赖以建立的基石？其实书中类似讨论还有更多。

最早拿到这本不厚的书时，我花了相当多时间细看。作为一个重度研究和分析社交网络、私域如何带来企业增长的从业者，我倒不是纠结上述提法，而是觉得某种程度上，这些观点反而点出了当下私域运营的困境，芹泽连在书中给出的思考，对问题的解决相当有启发。

非顾客的首单转化是增长的关键

这几年来，私域运营已成为绝大多数公司的标配。从2020年至今，这方面每年人才缺口都以百万计，以至于大量编辑、市场及销售人员、客服人员转岗过来。私域过亿流水的品牌团队数以千万计，流水超过百亿的也有多家。不过，作为从业者的我们也深知，这几年间，每年垮掉的团队同样很多，虽然每次可以从公司高管是否重视、不同部门的协同配合如何和资源是否支持到位等角度找到原因，但不论如何，私域带来的收入没法在公司中占到一个可观比例是最常见原因。恰如作者所说：针对同一群体反复使用一个策略，会让用户疲倦和烦躁，反而将忠诚用户给驱赶走了（或变成了轻度用户）。

增长不快、贡献不高，加上平均回归现象，所谓困境，无外乎如此。

一直以来，讨论市场话题都和当下所处的大环境息息相关。至少在过去 20 余年来，我们经历了稀缺（货架经济）、注意力经济时代（广告为王）、关系粉尘化（社交网络改写增长）和丰饶经济（各种供应丰富多彩，用户反而开始对许多内容和商品不在意）并行，以及当下大家关注的内卷和消费降级等不同时期。

不同时期，对用户行为的观察和思考不一样，对应的企业增长方式也不一样。

当下的大市场背景恰恰说明了本书之长或作者之短。业内多公认，在老龄化、消费降级、内卷等市场环境演变的过程中，日本市场恰好先行一步。同时，其本土市场少有大型社交网络、直播大爆发带来的直观体验和冲击，因此，在对社媒、网红等相关的观察上难以形成有启发的结论。

在内卷环境中工作多年的作者，对今天许多初次遭遇内卷的企业所面临的增长困境提出的解决方法相当简洁：**要将精力放在轻度用户及其首单转化上，这才是增长的关键**。

为此他梳理了 5 项原则供业内参考。我在看完这本书后和业内同行讨论时，则是这样来概括自己的阅读所得：

每个和用户接触的触点，要力争情景清晰、情绪价值明确、回报明确，方便潜在用户建立情感连接。这里的情绪价值，对应着用户的投入产出比，即投入的购买行为，可以获得不一样的情感回报。（注意，这里的投入可不是指价格便宜！）这些新用户，是作者非常在意的、广泛的弱连接人群，也就是他开篇强调的非顾客。

有意思的是，这些核心结论，恰恰是当下私域运营、短视频和直播为代表的 IP 运营所反复强调的运营逻辑的基础，如触点运营、IP 背后的情感连接（情绪价值），以及社媒经常触发引爆事件背后的用户投入产出比（花费一点点时间，却得到不一样的情绪价值、个人形象等）。

从用户中来，到用户中去

如今的挑战反而是，企业如何明确每个用户的接触点，并提供不一样的用户回报？

这特别依赖品牌团队所进行的用户行为观察。其实这里反而有个巧妙的解决方案：从用户中来，到用户中去。

有一次在杭州我们拜访了一家生产和销售鲨鱼裤的头部团队 SIINSIIN 公司，其联合创始人在分享自己企业的增长路径时，提到一个有趣的场景，很多用户在穿着鲨鱼裤和朋友相处或拍照发朋友圈时，总会听到一句话："今天你怎么这么好看？"

来自朋友们的话语奖赏，让用户获得了不一样的情绪价值、情感回报。SIINSIIN 的广告投放内容多结合这个用户价值回报点。类似场景，在社交网络中比比皆是，许多行业和团队也正是这样做的。换句话说，用户自发分享、呈现、提炼的场景，比专业团队的观察和提炼更打动人心。

私域也罢，今天国内市场的运营也罢，都擅长首单转化、复购率和客单价提升。这个从接触点扩展非顾客的思路，实质上在开启新的获客增长通道，这恰好是漂亮的对接。

读完这本书后，我第一时间在朋友圈中做了推荐，同时也感慨：今天对从业者的要求，变得越来越高。在艰难的市场里，哪有容易做成的事情?

推荐序三

在获客之路上实现“从 0 到 1”的突破

张　坚
中国惠普政府事业部原总经理
思科中国区原副总裁

在当今竞争激烈的商业环境中，获客已成为企业生存与发展的关键。无论是传统行业还是新兴领域，企业都面临着如何让产品从市场中脱颖而出，实现从无到有的突破性获客的挑战。《从 0 到 1 的新获客瞬间》这本书，恰如其分地抓住了这一核心问题，为企业提供了一套系统且创新的获客策略与方法，对于那些渴望在市场中实现突破的企业来说，无疑是一本极具价值的指南。

理解“非顾客”是实现获客突破的关键

作为一名在销售与营销领域深耕多年的职场老兵、教育者和实践者，我深知获客的艰难与重要性。在过去的几十年里，我曾在思科、惠普等国际知名企业担任高管，负责销售与市场拓展工作，也曾在民营企业担任 CEO，亲身体验了不同规模、不同行业的企业在获客过程中的种种挑战与机遇。在这个过程中，我深刻认识到，获客不仅仅是销售技巧的运用，更是对市场、对客户、对企业自身的深刻理解和精准把握。

《从 0 到 1 的新获客瞬间》这本书正是基于这样的理念，提出了“非顾客”视角下的获客新思路。作者芹泽连思维敏捷，他的逆向思维和“反常识”令我印象深刻，他通过对传统营销理论的深入剖析，指出许多企业过于关注现有顾客的忠诚度和重复购买率，却忽视了那些尚未购买产品的潜在客户——“非顾客”。这些非顾客群体往往被企业所忽视，但实际上蕴含着巨大的市场潜力。书中强调，**企业若想实现从 0 到 1 的获客突破，关键在于洞察和理解这些非顾客的需求、动机和行为模式，从而找到吸引他们的有效方法。**

书中提到的“双重危机法则”让我印象深刻。这一法则揭示了市场份额较小的品牌往往面临顾客数量少和忠诚度低的双重困境，而要打破这一困境，不能仅仅依赖于提高顾客忠诚度，更应着重提升市场渗透率。这与我在企业实践中所体会到的不谋而合。在惠普工作期间，我们曾面临过市场份额增长缓慢的挑战，当时我们尝试通过各种方式提高现有顾客的忠诚度，但效果并不理想。后来，我们转变思路，开始关注那些尚未购买惠普产品的潜在客户，通过市场调研和精准营销，成功地吸引了大量新客户，从而实现了市场份额的显著提升。

书中还强调了“理解非顾客”需要从行为背后的欲望、抑制和回报出发，而非单纯依赖于人口统计特征或心理画像。这一观点为企业的市场调研和营销策略制定提供了全新的视角。在宝马（中国）的培训项目中，我曾与团队一起深入研究宝马车主和潜在车主的行为模式和心理需求。我们发现，除了产品性能和品牌形象，宝马车主在购买决策过程中还会受到多种因素的影响，如社会认同感、驾驶体验的个性化需求等。基于这些发现，我们为宝马制定了一系列针对性的营销策略，不仅提升了宝马品牌的市场影响力，还成功吸引了更多潜在客户。

此外，书中提出的“将品牌与顾客生活中的具体场景和实际情境（接触点）联系起来”的观点，也为企业的营销实践提供了具体的行动指南。在微软加速器的合作项目中，我们与微软团队一起探索如何将微软的技术产品与不同行业客户的实际应用场景相结合。通过深入了解客户的业务流程和痛点，我们为微软设计了一系列行业解决方案，并通过精准的营销推广，将这些解决方案推向市场。这一过程中，我们不仅帮助微软拓展了市场份额，还为客户创造了实实在在的价值。

从“非顾客”视角重塑品牌价值与策略

《从 0 到 1 的新获客瞬间》不仅在理论上具有创新性，更在实践操作上具有很强的指导意义。书中通过丰富的案例分析和详细的步骤讲解，帮助读者深入理解如何从非顾客的视角出发，重新诠释品牌价值，设计有效的营销策略。这些案例涵盖了多个行业和领域，无论是传统制造业、服务业还是新兴的互联网行业，都能从中找到适合自己的获客思路和方法。

作为一名培训和咨询工作者，我深知知识的传播和分享对于企业成长的重要性。在清华大学、北京大学等高校以及多家商学院，在为众多企业授课的过程中，我始终致力于将自己在企业实践中积累的经验和教训传授给学生和企业管理者。我相信，《从 0 到 1 的新获客瞬间》这本书将为广大的企业管理者和营销人员提供宝贵的指导和启示，帮助他们在获客的道路上实现“从 0 到 1”的突破。

在这个快速变化的商业时代，企业要想在竞争中立于不败之地，就必须不断创新和突破。《从 0 到 1 的新获客瞬间》这本书为我们提供了一种全新的思维模式和实践方法，让我们能够从非顾客的视角重新审视市场，挖掘潜在的商业机会。我相信，只要我们能够深刻理解和运用书中的理念和方法，就一定能够在获客的道路上取得成功，实现企业的持续增长和发展。

最后，我要感谢芹泽连先生为我们带来这样一本极具价值的书籍。他的智慧和经验为我们打开了一扇通往获客成功的大门，让我们能够在充满挑战的商业环境中找到新的方向和机遇。希望每一位阅读这本书的朋友都能从中受益，实现自己在获客之路上的“从 0 到 1”的突破。

目 录

引　言

应对市场低迷、销量下降的新顾客开发法

从0到1的
新获客瞬间

与其从远处客观地观察用户，
不如将自己置身于非用户
所处的情境之中，
主动体验他们参与的游戏。

假设你是商家，你会倾听“顾客”的声音，还是“非顾客”的声音？通常情况下，大多数商家会倾听顾客的声音，并分析他们的数据。很少有商家会关注“非顾客”的想法或分析他们不购买的原因。实际上，大多数消费者都属于“非顾客”，他们不了解你的产品和服务，或者即使了解了也不感兴趣。

本书旨在深度分析“非顾客”，也就是那些完全不购买你的产品的人群以及偶尔购买你的产品的轻度用户。本书的目标不是帮助商家培养产品“粉丝”或重度用户，提高现有顾客的满意度，也不是增加现有顾客的重复购买率或推荐率。本书意在帮助商家洞察、分析那些对其产品或服务不感兴趣、从未购买过的人群，进而促使他们进行首次购买。

本书并不是一本强调如何在行动和心态上“珍视顾客，重视顾客”的书，也不是一本分享“个人成功案例”的书。本书旨在提供新的视角和实用技能，帮助商家洞察那些尚未购买其产品或服务的人群，实施有效的营销策略，吸引他们成为顾客，进而开拓新市场或创造新的销售机会。

阅读本书，你将学会如何用 5 大原则在消费者的生活和某个产品、服务及品牌之间创造新的连接点，并掌握重新诠释现有品牌以吸引更多消费者的策略框架。我将这些系统知识整理成册，其中的内容结合了 100 多家品牌公司的实践经验。

阅读本书无须任何预备知识或技能。尽管书中涉及一些数学知识，但我通过漫画和图表进行了详尽的解释，确保营销新手也能全面掌握理论与实践步骤。本书引导读者在抽象与具体、理科思维与文科思维之间自由穿梭。如果你希望从多元视角理解“非顾客”，本书无疑将给你带来丰富的阅读体验。如果你只对某一特定领域（如数据分析技巧）感兴趣，也能有所收获。

从 6 个常见误区开始

本书将基于多样证据，介绍“理解非顾客”的理念和原则。这些理念、原则与人们在传统商业中习以为常的观点和思维方式截然不同。在这里，我列出了一些在目前商业和市场营销中被认为是理所当然的观点，并从“非顾客”的视角对它们提出质疑。初次阅读时，你可能会觉得从“非顾客”的视角重新审视那些观点有悖直觉或难以接受，但随着阅读的深入，你将理解采用“非顾客”视角的价值与意义。

观点 1：日本市场整体不断萎缩，所以销售额下降在所难免。

错！实际上，也许只有你的品牌的顾客在减少，而仍有其他品牌的业绩保持着增长态势。即便整个品类市场在缩减，一些特定品牌的渗透率[①]却仍在提升。你知道这背后的原因吗？你能否解释为什么出现这种现象，知不知道自己的品牌如何实现类似的增长？

观点 2：培养品牌的“粉丝”并重视忠实顾客，
业绩就会增长。

错！除了少数特例，理论和数据都显示，品牌单纯关注“粉丝”或忠实顾客并不能有效提升市场份额。即便品牌努力培养顾客的忠诚度，重度用户和轻度用户仍旧急速更迭。诸如“只要减少几个百分点的顾客流失，利润就能大幅增长”的说法，往往是商家对数据的错误理解。二八法则[②]在多数情况下并不适用，品牌的销售额有很大一部分是由那些对品牌不太感兴趣的轻度用户贡献的。因此，真正影响业务增长和市场份额的，往往是那些经常被忽视且不易被察觉的“非顾客”群体。

观点 3：我们只做利基市场，
不需要开发新顾客。

错！诸多研究结果表明，通过纯粹的利基市场战略实现业务增长的品牌极为罕见。多数所谓的“利基品牌”，其实并没有意识到它们的市场定位仅被特定群体所接受。你知道在这种状态下吸引新

① 在一定时间内至少购买一次品牌产品的顾客比例。
② 二八法则即帕累托法则，由意大利经济学家帕累托提出，核心含义是指少的投入可以获得多的产出，多应用于经济学、管理学等领域。——编者注

顾客或扩大市场份额有多困难吗？我们不应只关注那些支持利基市场的少数重度用户，而应将目光投向市场的大多数群体，也就是那些非用户，并思考他们没有购买的原因。对非用户来说，公司宣扬的产品或服务的卖点（顾客价值）在他们眼中可能毫无价值，因此，他们才一直没有购买。

观点 4：对于非用户和轻度用户，STP[①] 和用户画像等框架和工具依然有效。

错！非用户的冷漠与顾客的属性或特征无关，因此，传统以人为中心的细分市场和目标市场营销并无意义，也难以构建有效的用户画像。针对非用户和轻度用户，深入理解他们的“背景”，也就是他们未被满足的需求和潜在动机，比单纯设定用户画像更为关键。此外，采用“P → T → S”的思考方式更有助于洞察市场。你知道吗？许多研究者已经对 STP，尤其是细分市场的概念提出了疑问。“我们的品牌独一无二，吸引了不同的顾客群体。”这种说法只是营销人员的一厢情愿，因为相同的顾客群体往往也会购买竞品。实际上，市场中不存在真正的顾客细分，即便有，也只是在顾客购买行为中找到一些规律性差异。

观点 5：消费者是非理性的。人的心理和行为是无意识的，因此品牌无法理解也无法改变消费者。

① STP 是指细分市场（segmentation）、目标市场（targeting）和市场定位（positioning）。

错！消费者是理性的，他们的心理和行为有自己的合理性，只是品牌不了解而已。我们对顾客来说是旁观者，对旁观者而言非理性的心理和行为在“当事人（顾客）”所处的环境中往往非常合理。品牌需要有能力理解消费者，并且在一定程度上改变消费者。如果我们将自己不理解的事物简单地认为是非理性的，那就是对理性的误解。

观点 6：外资企业可能擅长理解顾客和
提升顾客体验，但日本公司坚持产品导向，
不擅长研究消费者。

坚持产品导向并没有错。你也不必勉强自己模仿领先企业的最新营销案例，日本企业有契合自身文化、习惯的理解顾客的方法和创造顾客价值的途径。这正是本书所探讨的内容——从产品和服务出发，运用“重新诠释的技术”来打动冷漠的“非顾客”。

只是“理解顾客”，是没有意义的

在探讨“非顾客”之前，我们先简单汇总一下现有的理解顾客的方式与存在的问题。近年来，在商业领域，经营者频繁强调从顾客视角出发的重要性。许多读者可能已经尝试创建用户画像或目标群体画像来描述顾客的属性和内在特征，如性别、年龄、价值观和生活方式等。这些做法都是基于“我们的顾客就是某类消费群体”这样的理解方式。然而，如果我们仅仅将理解顾客的焦点放在“人”身上，就难以从顾客的视角准确洞察市场。这是关于顾客理解最常见的误区之一。

当我们试图观察一个人时，只会从企业的视角出发，采取相对客观的角度去分析顾客的形象、特征以及他们与其他顾客的差异。这种分析方式将导致营销人员与顾客处于分析者和被分析者、观察者和被观察者的关系，尽管这样做可以观察到顾客，却无法从顾客的视角洞察市场。

要真正掌握顾客视角，关键不在于理解顾客的客观特征或属性，而在于理解其主观行为动机。有关论著指出，**我们应将焦点放在“人们所面对的世界”，而非人本身。**[1]**品牌需要深入理解顾客所处的背景和情境，去观察顾客所看到的世界，而不只是描述他们的性格或内在特质**。其中，理解顾客主观行为动机的合理性尤为重要。

营销人员常说顾客是非理性的，但其实顾客有他们自己的合理性。[2]顾客之所以看起来非理性，主要是因为营销人员试图在自己习惯的既定框架（比如典型的顾客特征、预设的使用场景）中去解读顾客的言行。为具备顾客视角，营销人员需要抛开既定思维，学会用顾客的合理性来解读顾客的需求和行为。

具体而言，要理解处于特定情境中的顾客会以怎样的视角看待事物，他们会对发生的事件做出怎样的反应，以及在那种情境下什么行为才是合理的。通过理解顾客所处的情境，我们才能发现置身于这种情境之下的人们共有的思维方式和行为规律。处在这样的视角时，你自然而然地就能以顾客的视角思考问题，同时也能了解如何传达品牌信息才能引起顾客的兴趣。

抓住"购买契机"，赢得"新获客瞬间"

消费者选择品牌的行为常被比作"掷骰子"或"抛硬币"。消费者购买产品时选择哪个品牌如同掷骰子一样具有随机性，因此，提升你的品牌被选中的概率至关重要。这种比喻背后的理论基础是离散选择模型①，它阐释了人的决策机制。理解"非顾客"的关键在于增加他们"掷骰子"的次数。

即便品牌不做任何事情，重度用户也会"掷骰子"，而非用户和轻度用户则根本不会或很少"掷骰子"。要促使"非顾客"购买产品，商家首先必须让他们"掷骰子"。为此，商家需要在"非顾客"的生活情境中设置尽可能多的品牌入口，从而提高他们接触品牌的概率。这种思维方式被称为"CEP"，即"品牌接触点"思维[3]。如何利用这些进入点，将其与品牌关联起来，也就是"设计品牌新入口的方法"，是本书探讨的一个核心议题。

"质性研究法"包括顾客访谈和行为观察等手段，在理解"非顾客"的过程中得到广泛应用。有关专家从理解他人合理性的角度探讨了质性研究的作用。

> 我们的社会是由多个相互矛盾的"游戏"构成的……
>
> 我们的日常生活中同时运行着许多游戏，但它们往往是相

① 离散选择模型（Choice-Based Conjoint Analysis，简称 CBC）是一种实用有效的市场研究技术，通过模拟产品或服务的市场竞争环境来测量消费者的购买行为。——编者注

互矛盾的。至于参与哪个游戏，则由行为者自己决定。然而，我们通常只关注其中一个游戏，也就是“自己更容易获胜”的游戏，而相形之下，其他行为者看起来就像是在这一特定的游戏中进行了失败的选择。然而，你仔细观察就会发现，其他行为者实际参与的是另一个正在运行的游戏。社会学家的职责就在于揭示“另一个游戏”的存在。[4]

如果品牌的营销对象是重度用户或“粉丝”，那么“顾客是具有某些特征或倾向”的用户画像可能会有所帮助。然而，如果品牌的营销对象是非用户或轻度用户，这就意味着要让本来对品牌没有兴趣的人在不同的场景或时机下购买产品。因此，于品牌而言，重要的不是理解顾客的基本特征或倾向，而是理解顾客偏离这些基本特征时的心理和行为。

对商家而言，与其从远处客观地观察顾客，不如将自己置身于“非顾客”所处的情境之中，主动体验他们所参与的游戏。商家需要了解顾客的行为在什么时候会受不同价值观的影响，以及顾客在什么情境下会选择不同于以往的品牌。商家若要向“非顾客”推销产品，就必须理解顾客所参与游戏的规则（合理性），并据此重新诠释品牌，从而为品牌创造新的机会，也就是增加顾客“掷骰子”的次数。

这里我要稍微谈一下理科思维。现在会处理数据的商务人士日益增多，但能够通过数据制定营销策略的人很少。尽管如今商家借助 Python 等工具可快速构建高级统计模型，但真正重要的是，商家需要理解这些模型所揭示的顾客购买行为的规律，并将其应用于商业实践。我们首先需要弄清楚模型捕捉到的顾客购买行为的特点，以及在具体情境中应用这些规律可能带来的影响。将这些原则和规律内化于心，我们就能从全新的视角理解顾客、思考营销策略。而理解“非顾客”的关键便在于这种视角的转变。

以“零阶模型”为例，这是一种假设消费者每次的购买决策与之前的购买行为无关的模型，即消费者的购买决策是独立的，每次购买行为都是一个新的开始，不受之前购买行为的影响。

品牌能否进入消费者的选择范围，完全取决于消费者的个人偏好（对品牌效用的评估），而这些偏好决定了各个品牌被选择的概率。例如，我在购买罐装咖啡时，会在三得利的 BOSS、可口可乐的 GEORGIA 和悠诗诗（UCC）的 BLACK 无糖三个品牌中做出选择，而我选择它们的概率分别为 60%、30% 和 10%。在“零阶模型”的假设下，即便我上次购买了三得利的 BOSS 并对产品感到满意，但这并不会影响我本次的选择，我仍会从这三个品牌中随机选择。虽然单次选择看似随机，但从长期累积的购买数据来看，会发现我购买这三款咖啡的比例稳定在 60% 的三得利 BOSS、30% 的可口可乐 GEORGIA、10% 的悠诗诗 BLACK 无糖。

营销人员在顾客购买行为中发现的原则和规律将直接影响营销策略的制定（见图 0-1）。例如，商家若想提高罐装咖啡的重复购买率，应采取何种策略？

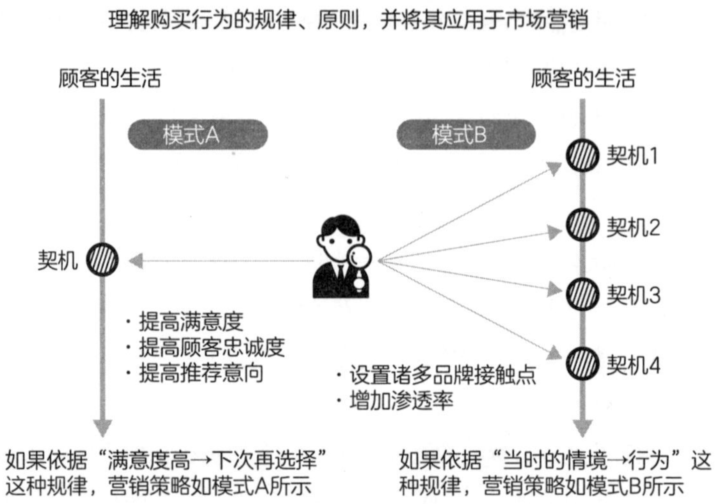

图 0-1　购买行为的规律与原则

商家常见的改进方向是提高顾客的满意度和忠诚度。如果依据“满意度高（原因）→下次再选择（行为）”这种规律，营销策略就会如图 0-1 的模式 A 所示。然而，如果单凭满意度就能决定顾客的选择，那么我每次都应该选择最让我感到满意的三得利 BOSS。但现实并非如此，我选择可口可乐 GEORGIA 的概率仍占 30%，选择 UCC 的 BLACK 无糖的概率仍占 10%。如果你能意识到“满意度和忠诚度并不是顾客购买决策的决定性因素，而只是其中的变量”，那么你将制定出完全不同的营销策略。

零阶模型的含义是消费者每次的消费行为都类似于掷骰子，即根据当时的状况和情境随机做出选择。当你意识到这一点时，就能发现“当时的情境→行为”的规律，并制定营销策略，也就是模式

B，这更接近消费者行为的本质[①]。在阅读第3章时，你会发现促进顾客重复购买看似是提升顾客忠诚度和满意度的游戏，实则是提高商品渗透率的游戏。

因此，在针对非用户或轻度用户的营销过程中，经常出现“看似是A，实则是B”的现象。这就要求我们暂时抛开那些传统的营销常识和固有的目标群体画像，重新认识顾客。为此，我们也需要拓宽视野，探索营销领域之外的知识。

关于人类认知和行为理解方面的见解不仅限于营销领域，它们在许多其他领域也有所体现。将这些见解结合起来，我们可以更好地应对“理解非顾客”这种棘手的问题。例如，理解“非顾客”的过程存在一种由负二项分布[②]揭示的“双重危机”[③]现象，它反映了顾客购买行为背后的重要规律。尽管它以稍显晦涩的数学形式呈现，但借助心理学、文化人类学、认知行为疗法等领域的知识，我们依然可以将这些抽象的数学逻辑转化为具体的行动指南。本书介绍了一种融合理科思维与文科思维的方法，旨在帮助读者更好地理解和应用这些概念。

---

① 任何规律都有例外。例如，追求品牌多样化的行为，也就是尝试不同品牌，或者定期购买的行为，像订阅服务等，它们并不完全遵循零阶模型，这些行为受到其他原则的支配。

② 统计学上的一种离散概率分布，需满足以下4个条件：包含一系列独立的实验；每个实验都有成功、失败两种结果；成功的概率是恒定的；实验持续到r次失败，r可以为任意正数。——编者注

③ 指市场份额较小的品牌拥有更少的顾客基数，而这些顾客相比大品牌的顾客而言忠诚度更低。——编者注

手把手教你获取“非顾客”

营销领域存在许多未经证实的“法则”和缺乏依据的“格言”。读者简单搜索一下就会发现，互联网上充斥着大量看似可信的营销理论。互联网上的文章质量参差不齐是普遍现象，但这在营销领域尤为严重。即便是一些权威作者撰写的理论书籍或著名营销专家的著作，也可能包含一些缺乏可靠依据的内容。

我在职业生涯的前半段致力于研究营销科学，在后半段则更多地关注行为观察和叙事方法。前者属于数学和统计学的范畴，后者则涵盖了心理学、社会学和文化人类学等领域。这些背景让我有机会接触到不同领域的专家，而通过与他们交流，我发现他们十分重视学习和实践，在经历多次失败后，我终于将理论内化为自己的知识体系。这些专家对理论与实践都有深刻认识，然而，他们并非专业教师，分享往往基于个人经验，因此容易忽略掉一些重要的前提条件、步骤和相关方法存在的局限，这导致他们只能以“这么做似乎不错”的结论草草收尾，其理论未能得到广泛传播。

鉴于此，在本书中，我将在不影响读者阅读的前提下提供充分的依据，明确阐释这样做的原因，并力求全方位解读对“非顾客”进行营销的理论背景与实操步骤。

在第 1 章，我将从有关视角和背景出发，探讨“理解非顾客”的含义和重要性。在第 2 章，我以芝士蛋糕这一常规商品为例，引导读者实践“重新诠释的技术”，即商家通过理解“非顾客”为品牌创造新的营销机会。第 3 章的内容则会比较当前主流的 STP 战略、忠诚度战略与“非顾客”营销之间的差异，并概述理解“非顾客”的关键要素。接下来的第 4 章，我们将学习基于以上差异的“‘理解非顾客’的 5 大原则”及其背后的理论，并掌握激发“非顾客”群体消费兴趣的实用技能。最后，在第 5 章中，我将综合应用前 4 章的原则和技能，探讨在产品研发和广告制作过程中解决问题的策略。此外，为了避免内容过于理论化，本书运用了大量漫画和图表，旨在增强内容的可读性和实用性，以此帮助读者深入理解和应用这些概念。本书结构见图 0-2。

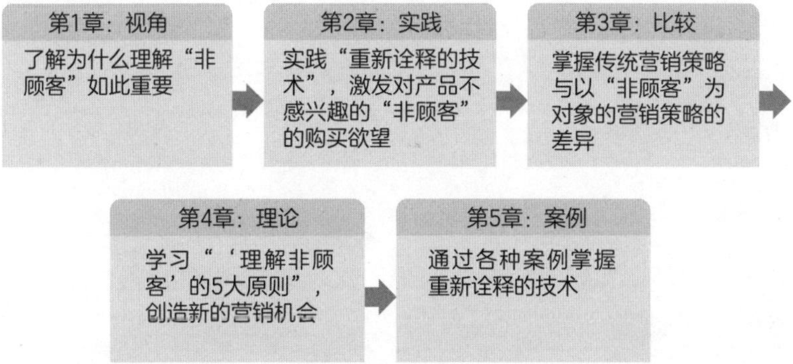

图 0-2　本书的结构

第1章

非顾客，
才是最重要的顾客

营销本质上是一场数字游戏。
品牌增长依赖于市场渗透率，
而非顾客忠诚度。

“看得见的顾客”vs.“看不见的顾客”

“吸引新顾客”“扩大市场”“创造新的营销机会”这些都是商业领域常见的核心议题。对于企业的产品来说，市场主要由“未购买产品的非用户群体”和“每年购买一两次的轻度用户群体”组成。在本书中，我们将这些非用户和轻度用户，连同“与目标群体画像不符的少数顾客”统称为“非顾客”。

业务增长是所有企业发展的关键，吸引非顾客是实现业务增长的必要条件。然而，现实的问题是重要的非顾客往往被商家所忽视。

我们仅凭数据就能理解顾客吗

大家所在的公司都掌握着一定的顾客数据。例如，如果你的公司在推进数字营销，那么平台上确实会积累一些数据。然而，这些数据基本上是现有顾客的数据，而不是非顾客的数据。

数字营销的特性决定了我们通常能够收集到与“搜索”“加入购物车”等购买行为相关的数据。这意味着更容易获得那些忠诚度高的顾客数据，而很难收集到对品牌不感兴趣或关注度较低的非顾客数据。

此外，对于现有顾客，我们是能够收集到具有价值的数据的，而对于非顾客，我们收集到的数据和其价值是有限的。也就是说，我们能够收集到对品牌感兴趣的顾客的信息，但对于未采取任何行动，甚至不认识品牌的非顾客，我们难以获得相关信息。

频繁查看数据或指标的做法可能会让商家误以为自己已经洞察了整个市场。然而，实际上我们看见的不过是对公司感兴趣的一小部分顾客而已。

“仅仅依赖现有数据就能充分理解顾客”，这种思维很危险，它可能让我们忽略对业务增长至关重要的“非顾客”，进而导致我们对市场的理解过于狭隘。

只有购买过的人才是我们的顾客吗

类似的问题同样出现在销售接待和其他商业场合。那些经常与顾客面对面交流的销售员和业务员往往认为自己最了解顾客。然而，当被问及对“没有来店购物的人”的看法时，他们通常会回答“那些人不是顾客，所以不了解”。

事实果真如此吗？自己接触过，即看得见的人是顾客，而未接触过，即看不见的人就不是顾客吗？企业收到的反馈很重要，但未收到的意见就不重要了吗？

针对“改变销售或展示方式可能会吸引新顾客来店购物”这一提议，销售员或业务员时常感到困惑。他们能够理解那些“看得见的顾客”购买商品的原因，但难以理解“看不见的非顾客”不购买商品的原因。实际上，许多商务人士误以为能够接触到的顾客群体就是整个目标市场。

这些例子的共同特点是“看得见的顾客”会受到一定程度的关注，而“看不见的顾客”则会被完全忽视。与其说没有理解非顾客，不如说商家没有意识到非顾客的存在，没有将非顾客包含在考虑范围之内。我们称这种现象为“不自知的无知”。希望读者能够首先认识到这一点。

然而，理解非顾客也有困难之处。正如之前提到的，如果非顾客对我们的品牌既无兴趣也不购买，我们手头就会缺乏相关的数据。缺少数据意味着我们难以制定策略，比如：“如何激发他们的兴趣？”“如何促使他们购买？”（见图 1-1）实际上，在越来越依赖数据指导决策的今天，不仅数字营销和实体销售部门，营业部、广告宣传部、产品开发部等部门同样遭遇数据匮乏的挑战。

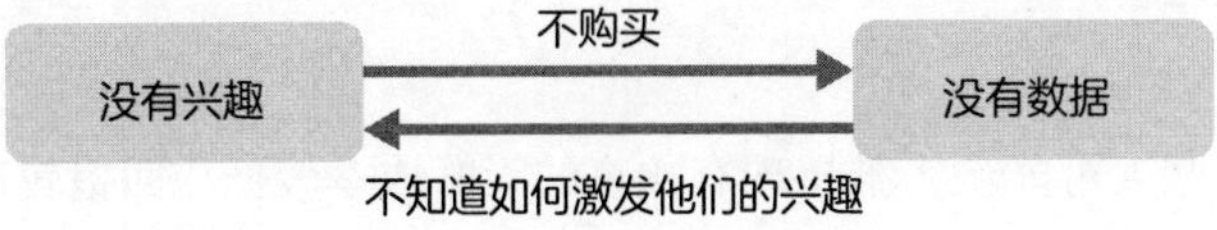

图 1-1　理解非顾客的困境

增长靠的是渗透率，而非忠诚度

为什么仅维护忠实用户还远远不够

对于非顾客，许多商家处于“不自知的无知”状态，未曾意识到非顾客的存在。那么，为什么非顾客如此重要？也许有些读者会认为，维护现有顾客才是最重要的。本块内容将重新审视那些看似合乎逻辑的营销常识，并阐释为何仅面向忠实顾客或品牌“粉丝”的策略存在不足。

我想问大家一个问题：以零售价格不可变动为前提，要想实现品牌增长，你认为以下哪种策略更重要？

A. 鼓励已经多次购买的顾客再次购买（让现有顾客再次购买）

B. 吸引从未购买过的顾客首次购买（增加一个新顾客）

销售额可以通过“总购买次数 × 平均单价”来计算。从这个角度看，策略 A 和策略 B 对销售额的贡献相同。如果我们关注短期销售额，策略 A 的现有顾客往往更受重视。因为品牌更容易接触现有顾客，而且已有购买记录，所以提高重复购买率的策略更受品牌欢迎。

有些人可能认为维持现有顾客的策略成本较低，回报较高。确实，关于防止顾客流失的好处，美国营销思想领袖菲利普 · 科特勒等人都已讨论过。“吸引新顾客的成本可能是维持现有顾客成本的5倍”“即使行业间存在差异，但一般来说，如果顾客流失率减少5%，利润则可增加25%～85%”，[1]或许有些读者听说过这样的观点，即“1∶5法则”或“5∶25法则”，它通常被品牌视为维持现有顾客或培养忠实顾客的依据。然而，实际上这种观点存在误区，不应得到如此大范围的普及。[2-3]

当我们追溯这些观点的起源时，会发现它们源自弗雷德里克·莱克赫尔德（Frederick F. Reichheld）等人的论文。[4]论文中提到，若顾客流失率从10%降至5%，维持住顾客群体的时间将延长一倍①，相应地，每位顾客贡献的现金流也会增加，例如，在信用卡公司可能增加75%，在其他行业可能增加25%～85%。但将这一理论简化为“仅仅减少5%的顾客流失率就能显著提升收益”是不准确的，因为这里涉及的不是百分比，而是百分点的减少。

百分比和百分点是两个经常被混淆的概念，尽管它们的含义完全不同。如果说流失率降低5%，实际上是指在原有10%流失率的基础上减少0.5%（10%×0.05），即流失率降至9.5%。若是流失率从10%降低“5个百分点”则意味着流失率从10%直接降至5%，相当于在1 000名顾客中，顾客流失数量从100人减少到了50人，人数减半。这显然不只是防止了“5%”，而是防止了“50%”的顾客流失。而若能实现流失率减半，利润必将显著提升。为了避免在百分比和百分点上产生误解，媒体报道日本内阁支持率等数据时会

① 按照“1/顾客流失率”计算，只是这种方法容易导致用户生命周期价值（LTV）被高估。

采用“相比上个月上升了 x 个百分点，达到了 y%”的表述。若仅提升 5% 的顾客维持率就能大幅提高收益，那当然十分理想，但很遗憾，这种观点混淆了百分比和百分点，并在没有得到充分检验的情况下被普及开来。

相反，有充分理论支撑的是策略 B。多项研究已经证实，品牌增长的直接动因是市场渗透率（顾客数量）。例如，一项针对超过 300 个品牌、为期 5 年的观察调研结果指出，**渗透率是营销增长的关键驱动力，而顾客忠诚度则是推动和维持渗透率的一个因素。**[5] 销售额和市场份额的增长直接依赖于渗透率的提升，现有顾客的忠诚度在这一过程中扮演的只是辅助角色。

在相对较新的一项研究中，相关人员对 1998—2016 年约 500 个案例的营销策略及其成果进行了分析并得出结论：“营销本质上还是一场数字游戏。[6] 品牌增长主要依赖于市场渗透率，而非顾客忠诚度的提升。”这项研究在营销效果研究领域，无论是在时间跨度上还是在样本数量上都是前所未有的。研究者们还通过以下几个方面，解释了为什么不能采取只关注现有顾客的营销策略。

1. 重度用户的绝对数量相对较少。
2. 促使重度用户增加购买频率很难。
3. 通过广告改变现有顾客的认知和行为也很难。
4. 针对现有顾客的激活策略效果周期较短。
5. 即便以 ROI① 作为成果指标进行追踪，也无法有效提升

① ROI 即投资回报率，计算公式为利润增长 ÷ 营销投资成本＝投资回报率。

销售额的上限。

6. 顾客忠诚度的提升并非通过针对性的策略实现，而是市场渗透率增加的结果。

将顾客视为独立个体的方式有助于直观理解以上第 1 ～ 3 点。以日常生活用品为例，顾客购买这类商品的费用通常从日常生活费中支出，而他们每月在此类商品上的预算几乎是固定的。现有顾客已经购买过商品了，因此很难促使他们额外再购买一些。无论收到多少直邮广告，或者广告内容如何打动他们，现有顾客的总体消费量也不会发生显著变化。尽管这些针对性的策略可以促使顾客下一次购买，但重度用户随着时间的推移，也可能会变成轻度用户。例如，一个人最初经常光顾一家喜欢的餐厅，但后来可能毫无理由地突然不去了。现有顾客的消费习惯可能会随时间发生变化，从重度用户回归为轻度用户，反之亦然。这种现象被称为“平均回归”，是时间序列数据中的常见现象，不受营销策略的控制。

关于第 4、5 点，激活现有顾客的策略确实存在优势和局限。积极的一面在于，这类策略能够短期内提升销售额。但问题在于，这类策略过度关注 ROI，可能会限制目标顾客群体，[7] 因为降低成本可以使 ROI 数值虚高。而这样做就无法实现长期增长所需的市场渗透率的提高。此外，如果针对同一目标群体的策略被重复使用，可能会导致效益递减，即相同成本下的回报逐渐降低。因此，单纯追求现有顾客的 ROI 并不能有效提升销售额的上限。实际上，相关报告中并未发现销售额与 ROI 之间存在显著的相关关系，却发现了渗透率与 ROI 之间存在负相关关系。[8]

企业增长本质上是一种投资行为，其关键在于通过增加成本来实现回报的增长，而非通过削减成本来美化数据。以上第 6 点涉及“双重危机”的现象，本书第 3 章将对此进行详细解释。

为什么说非顾客才是品牌的“宝藏”

那么，我们具体应该采取怎样的策略呢？埃伦伯格－巴斯研究所（Ehrenberg-Bass Institute）的拜伦·夏普（Byron Sharp）教授建议增加轻度用户的数量。在各类商品类别中，高市场份额品牌和低市场份额品牌之间最大的差异在于市场渗透率。销售额和市场份额有所提升，往往是由于轻度用户数量的增加。如图 1–2 所示，销售额构成要素有“顾客数量”与“购买频次”，这两者的关系可以通过负二项分布图（Negative Binomial Distribution，简称 NBD）来表示。[9]

该图显示，非用户和轻度用户（横轴数值较小的区域）数量庞大，重度用户数量少，且购买频率越高（横轴数值较大的区域），其数量越少。品牌若依据这一分布模式实现增长，则需要通过吸引那些每年仅购买一两次的轻度用户来扩大市场份额。无论在哪个国家，是哪种商品类别，品牌都遵循这一分布规律。[10-11] 因此，即便品牌希望增加购买频率高的重度用户数量，试图让整个分布向右移，也是难以实现的。**实际上，增加轻度用户的数量，促使那些从未购买过的非用户进行首次购买，才是品牌实现业绩增长的关键。换句话说，那些购买频率不高的非顾客，才是品牌的“宝藏”。**

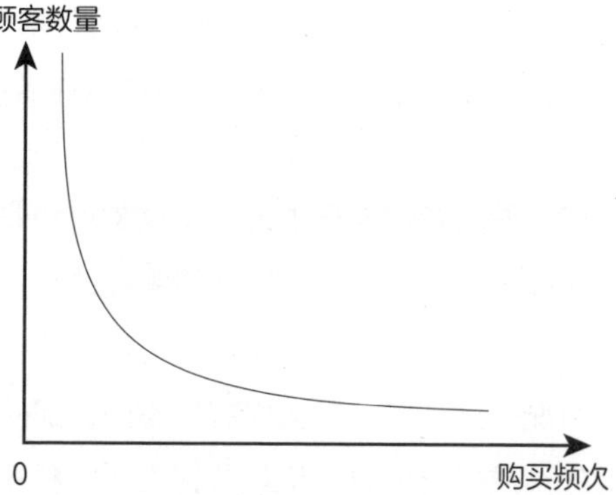

图 1-2 “顾客数量”与“购买频次”之间的关系

增加品牌接触点，市场渗透率便会提高

尽管众多研究和著作已经强调了非顾客的重要性，但在“如何增加轻度用户数量，如何吸引对品牌不感兴趣的人群，以及如何为他们创造使用商品的机会”等关键问题上，我们的理解仍然相当有限，同时在制定针对性策略方面，仍需不断积累经验。

无论是用户画像、顾客旅程①、CRM②，还是顾客数据平台③，这些营销手段和营销工具都围绕“能够与品牌联动，产生相关数据的顾客”展开。市面上的营销书籍和有关网络内容，也将重点放在“粉丝”营销或品牌忠诚度上，更多地关注那些“看得见的顾客”。然而，

① 用旅程比喻顾客从了解品牌到最终完成购买行为的整个过程。
② CRM 是 customer relationship management 的缩写，指顾客关系管理，是通过提升 LTV 和顾客忠诚度等来扩大销售的策略。
③ 顾客数据平台，是通过收集和整合顾客数据以执行 CRM 的策略。

对于“看不见的顾客”（那些对品牌不感兴趣的非顾客），由于数据收集困难和缺乏理解他们的方法，这一领域的探讨显得尤为不足。

此外，对于一般的营销人员来说，不仅是理解非顾客，从顾客视角出发，理解顾客也不是自然而然就能掌握的技能。现在的营销人员很难在日常工作中培养这种视角，因为他们往往只能了解到营销业务的局部情况。这一点在过去则有所不同，那时要开展营销工作，通常没有先例或指导手册，依赖营销人员的独立思考。这样其实有助于营销人员形成对商品价值转化的全面感知。

然而，除那些在年轻时就负责品牌策略的外资公司员工之外，大多数日本本土公司的营销人员的日常工作主要集中在促销、面向零售商的销售、与广告代理商的沟通以及近期在数字平台上进行的AB测试和优化。因此，他们很少有机会直接与顾客接触，这样就难以形成理解“品牌目前缺乏什么，以及如何促进业务增长”这些问题的宏观视角。

从这种宏观视角看问题属于心理学中的“程序性知识”或“图式”①。例如，在驾驶汽车时，驾驶员不会每次都查阅驾驶手册。像系安全带、启动引擎、调整后视镜和座椅高度这些步骤，对于驾驶员来说是驾轻就熟的动作，因为他们的大脑中已经内化了一套完整的驾驶图式。不过，对于从未有过驾驶经验的人来说，他们尚未形成这样的图式。

---

① 图式是指人脑中已有的知识经验网络，涉及神经元连接以及人与环境之间的相互作用，在人类的学习、记忆、情感和行为形成等方面起着重要作用。——编者注

理解顾客亦是如此。仅仅重复日常工作中的一小部分任务，难以形成“理解顾客的图式”。由于缺少这种知识结构，无论接受多少来自上司的指导，或者阅读多少营销书籍，所学知识往往也只是零散的，无法形成系统。这些知识点无法联系在一起，也就难以与实际工作相结合，转化为具体行动。

因此，人们往往会在自己熟悉的领域内寻求解决问题的方法。数字营销便是一个典型例子。有人错误地认为，分析数字数据就能理解顾客，操作营销工具就能优化顾客体验，只要将 CVR① 提升 0.1% 就是在创造价值。

改变情境可以创造兴趣吗

在吸引非用户和轻度用户方面，营销实务中最关键的是基于非顾客的情境重新诠释品牌，以激发他们的兴趣。在本章接下来的内容中，我将通过一些贴近生活的例子，帮助你理解什么是“基于情境重新诠释品牌”。

众所周知，许多孩子不喜欢浴室。我从一位认识的保育员那里了解到，那些不喜欢浴室的孩子大多是觉得在浴室里不能玩耍。他们觉得去浴室洗澡会打断自己愉快的游戏时间，而且在寒冷或炎热的环境中清洁身体十分无聊，因此才会讨厌浴室。那些不抗拒浴室的孩子，则把浴室当作一个可以玩耍的地方（见图 1-3）。

① CVR 是 conversion rate 的缩写，指转换率，即网站访问者中完成实际购买等目标行为的人数比例。

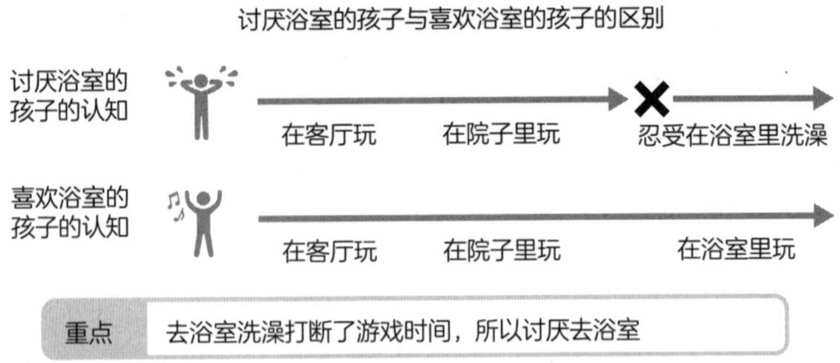

图 1-3　讨厌浴室的孩子与喜欢浴室的孩子的区别

有经验的保育员并不是通过告诉孩子“为什么必须洗澡”或“洗澡有什么好处”来说服他们，而是将洗澡变成一种游戏。保育员会准备水枪或小鸭子等玩具，告诉孩子们“在院子里玩泥巴后，可以去浴室里玩水”。当然，除了玩水，孩子们还需要洗头和洗身子。为了让孩子们更享受这个过程，保育员会选择易于起泡的洗发水，引导孩子们玩“泡泡变身”游戏（将泡沫涂抹在头发上，打造出不同的造型），将玩水的乐趣与清洁头发结合起来（见图 1-4）。

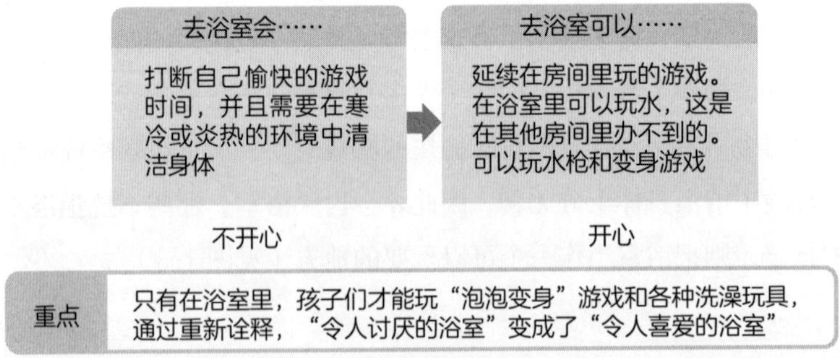

图 1-4　让孩子们爱上浴室的方法

在这里，我们可以将浴室比作一个品牌，将不喜欢浴室的孩子看作非顾客，而保育员则扮演着营销人员的角色。最初，品牌（浴室）被视为“限制孩子玩耍的地方”，然而，如果将其重新诠释为一个“可以玩水的地方”，将成功激发非顾客（不喜欢浴室的孩子）的兴趣。换言之，改变情境创造了兴趣。

保育员并不是简单地告诉孩子们浴室的作用（清洁身体），而是巧妙地利用浴室的特性（用水环境）来满足孩子的需求（玩耍），并为他们带来了新鲜体验（泡泡变身）。通过这种方式，保育员在“需求”（玩耍）、“行为”（洗澡）和“回报”（有趣的玩水游戏）之间建立起了新的循环（营销机会），并将品牌（浴室）融入其中（见图 1-5）。为了有效地传达这一重新诠释后的品牌（浴室）价值，保育员使用了“在院子里玩泥巴后，让我们去浴室玩水吧”和“泡泡变身”等有吸引力的提示语。这些提示语巧妙地传达了品牌（浴室）在特定情境下给非顾客（不喜欢浴室的孩子）带来的回报，是吸引非顾客的优秀文案。

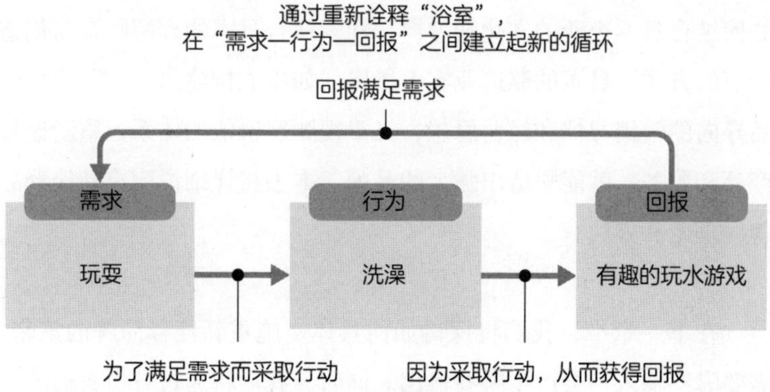

图 1-5　重新诠释浴室

当然，这并不意味着所有孩子都会因此爱上洗澡。创造兴趣的关键在于通过增加品牌接触点，提高品牌的市场渗透率。**针对非顾客，我们首要的任务是增加其与品牌接触的机会，提高他们体验品牌产品的概率。因此，在日常生活中创造更多微小的品牌接触点，是扩大市场份额的关键策略。**

如何解读产品，才能塑造强大品牌

通过保育员哄孩子洗澡的例子，你是否大致理解了“重新诠释品牌”的概念？若你感觉恍然大悟，那么我相信，你将在本书中收获愉快的阅读体验。

在第1章的最后部分，我们来思考一下日本商务人士掌握重新诠释品牌策略的意义。在外资企业中，营销方式和经营理念的关系密切，从顾客角度来考虑问题和决策已成为一种影响企业文化和营销实践的理念。然而在日本企业中，要贯彻以顾客为中心的经营理念可能存在一定的难度，但我们也不能盲目地追随潮流，而应思考如何结合日本企业的文化和习惯，探索适合日本的理解顾客与创造价值的方式。日本的制造业实力雄厚，如果能构建出一个既符合产品导向的营销习惯和经营思想，又重视顾客价值的体系，重新诠释产品和服务，就能塑造出强大的品牌。本书将详细说明重新诠释品牌的理论和方法。

在下一章中，我们将探讨如何具体实施重新诠释品牌的策略，需要哪些输入、会产生哪些输出。同时，我们将通过分析身边的产品案例，实际体验重新诠释品牌的过程。

接下来，我建议你按照本书的结构顺序进行阅读，即实践（第2章）→理论（第3、4章）→案例（第5章）。如果你希望先了解何谓“理解非顾客”，更倾向于通过实际案例而非理论来掌握知识，可以先快速浏览第2章和第5章，这样能够更快地抓住本书的要点。

第 2 章

改变情境，便能创造兴趣

为什么担心发胖的顾客会为芝士蛋糕买单？

夜间情境

大家辛苦啦！
好累啊……
每天公司和家两点一线，一天结束总会感到十分空虚。
眼前有家便利店，不如进去看看，或许能缓解一下空虚感。
摇摇晃晃
谢谢。
嗯……
今天以一杯红酒结束，也是个不错的选择。
哈哈哈
是时候休息了，好好睡一觉，为明天养足精神，继续加油。

广告设计的核心
不在于填补空白，
而是通过故事创作
将品牌转化为
顾客可感知的价值。

从欲望、抑制、回报，重新理解“顾客理性”

大家已经浏览了漫画。如果你是品牌营销人员，在这种情况下，你会怎样向这位男士推销芝士蛋糕？尽管品牌已经成功激发了他的购买欲——“因疲劳而想吃甜食”，最终这位男士却选择了三明治、红酒和冰激凌。对于芝士蛋糕的营销团队来说，这位男士已变成品牌的非顾客。

本章将通过这组漫画中的案例，分析如何洞察非顾客心理，并探讨如何重新诠释芝士蛋糕品牌产品来激发顾客的购买欲。

如第1章所述，尽管我们无法直接获得与非顾客购买行为相关的数据，但可以通过行为观察、访谈等方法，收集类似于这组漫画所展现的描述当前生活情境的叙事性数据。通过分析这些数据，我们可以探索非顾客的行为模式和思维习惯，进而重新诠释品牌、制定吸引非顾客的策略，最终通过数据检验这些策略的有效性。

在阅读本章时，请特别留意三个关键概念："目标受众"（品牌的核心消费群体和主要目标市场）、"价值"（品牌带给顾客的好处和愉悦体验）、"定位"（顾客对品牌所提供的价值的认知）。通过重新诠释这些概念，可以发掘出新的市场机会。此外，本章末尾将展示品牌经过重新诠释后的广告框架，来凸显芝士蛋糕的独特吸引力。

芝士蛋糕营销，从行为中洞察情境和逻辑

现在，让我们回到芝士蛋糕的营销案例。我们的目标是促使漫画中的主人公选择购买芝士蛋糕，为此，我们需要深入了解他的日常行为模式及其背后的动因。这位男士在工作时习惯用视频流媒体播放音乐，在使用流媒体的过程中，他注意到了芝士蛋糕的广告。这个广告突出了以下 3 点。

产品特点：

- **低糖配方，甜而不腻（主要卖点）**
- **精选 3 种天然奶酪，保证口感醇正**

产品定位：

- **适合作为午餐后的甜点，是便利店的热销产品**

面对广告之类的外在诱惑，人们首先会产生本能反应。比如疲劳时会萌生想吃甜食的念头，这种本能需求会让身体产生真实的欲望。我们将这种现象概括为“诱因”和“欲望”，图 2-1 展示了这一过程。

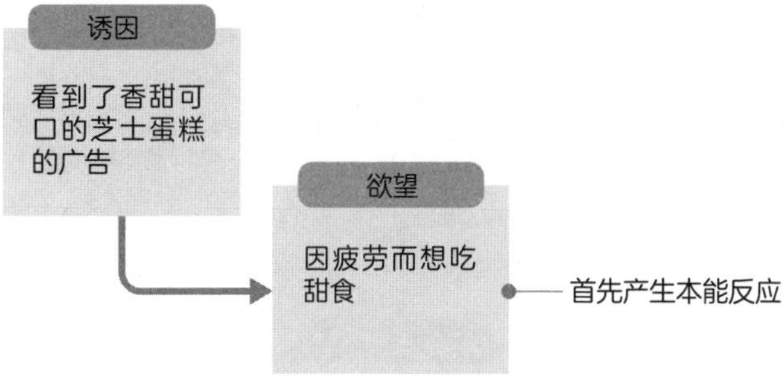

图 2-1　非顾客情境（1）

在本章中，我们采用这种方法将漫画中的情境拆解为多个要素，并对此进行深入分析。图 2-1 只是框架的一部分，用于厘清这些要素之间的关系，接下来我们会逐步完善这一框架。

然而，即使人们产生了想吃甜食的欲望，也往往不会立刻采取行动。在漫画中，这种欲望很快遭遇了“抑制”因素的影响，例如，对“最近体重上升”的担忧、医生在体检时的严肃警告，以及需要更加关注健康的自我提醒。本能欲望并不总是直接转化为行动，它们会受到理性思考和社会观念的制约。因此，我在图 2-2 中特别增加了“抑制”因素，来反映这种心理过程。

由于“产生欲望”和“抑制欲望”是截然相反的心理状态，在这种情况下，人们可能会经历内心的挣扎：渴望甜食，但又需要控制糖分摄入。尽管广告强调了产品的“低糖”属性，但在漫画中，男士最终抑制了自己的欲望，将甜食类的芝士蛋糕排除在了“考虑集合”[①] 之外，最终购买了三明治和酸奶（见图 2-3）。

---

① 顾客在购物时，将考虑过的所有品牌集合起来作为候选。

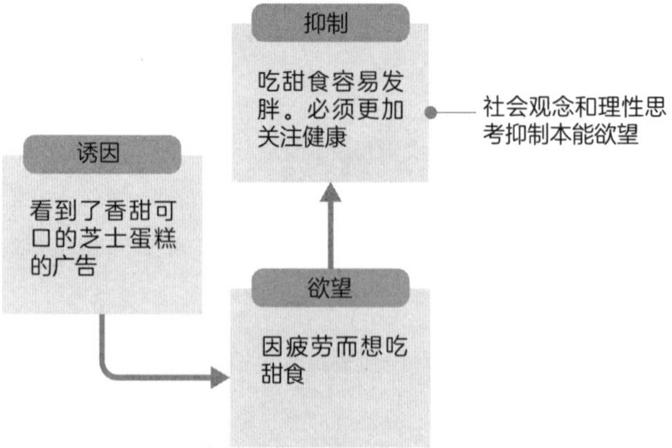

图 2-2　非顾客情境（2）

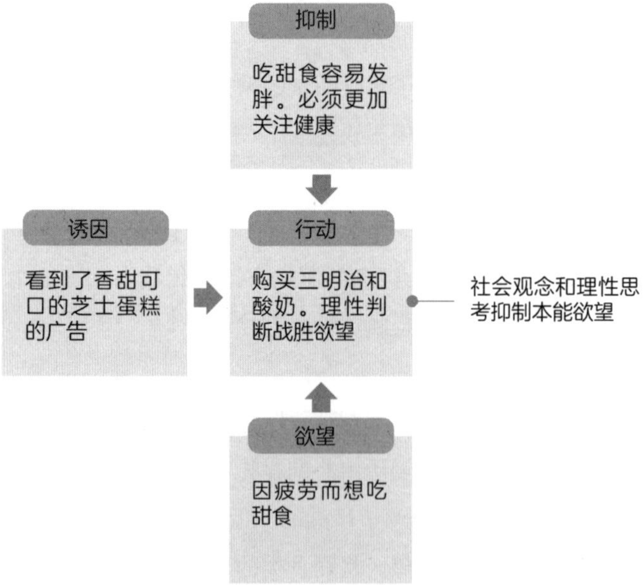

图 2-3　非顾客情境（3）

在漫画中还有一个场景：在下班回家的路上，这位男士在购买晚餐时额外选购了红酒和冰激凌。他为什么会买红酒和冰激凌呢？通过他所说的“每天公司和家两点一线”和“感到空虚”，可以推断他对日常单调重复的工作感到乏味。可能就是这种空虚感促使他寻求某种可以充实生活的东西，进而将这种需求投射到了甜食上，如红酒和冰激凌（见图 2-4）。

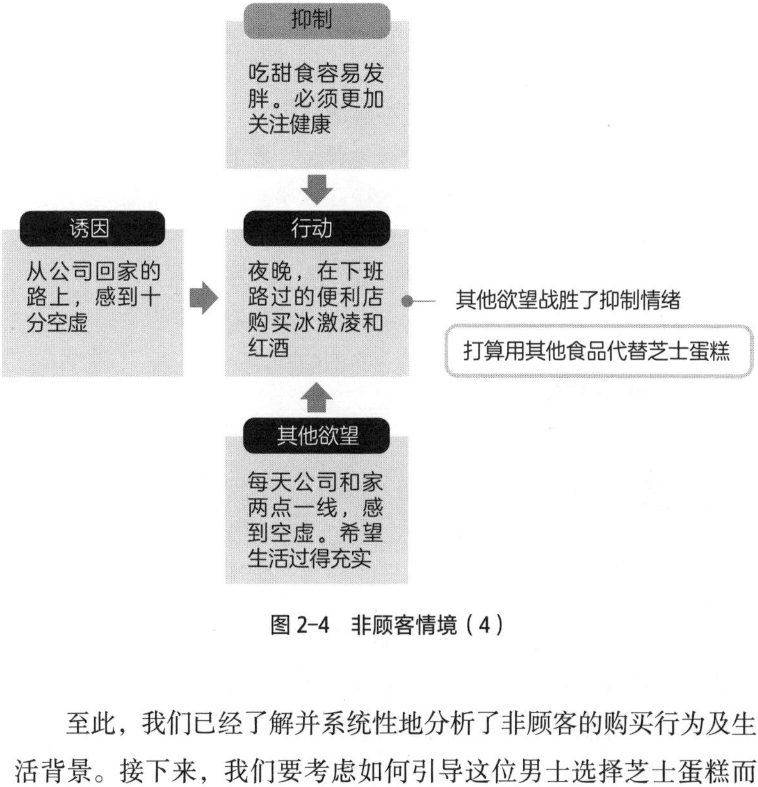

图 2-4　非顾客情境（4）

至此，我们已经了解并系统性地分析了非顾客的购买行为及生活背景。接下来，我们要考虑如何引导这位男士选择芝士蛋糕而非红酒或冰激凌。在他的购买行为和心理活动中是否隐藏着某些提示？

面对这种情况，我们不要只想着一下子得出关于“如何卖出芝士蛋糕”的答案，而应从“在这种情境下，人们会如何合理地看待事物”这一个新的视角来重新审视整个情境。

虽然常说顾客的行为是不合理的，但实际上，这可能只是因为我们未能察觉到顾客行为背后的合理性。而通过这样的新视角，我们可以更深入地分析顾客的行为。

为什么这位男士白天不购买甜食，在夜间却想购买如芝士蛋糕这样的甜食呢？他在白天明明更容易消耗热量，在夜间吃甜食则容易增加体重。这种看似不合理的行为背后，可能有其合理性。是什么因素支撑了这种合理性？我们应从这个角度深入分析他的行为。

- **日间**

  未购买甜食
- **夜间**

  想购买甜食

首先，我们根据图 2-5 来分析日间情境。显然，“吃甜食容易发胖。我必须更加关注健康。”这一想法促使这位男士选择了三明治和酸奶，抑制了对芝士蛋糕的欲望。然而，值得注意的是，他“想吃甜食”的原始欲望并未得到满足，那么这就为品牌提供了介入的机会。

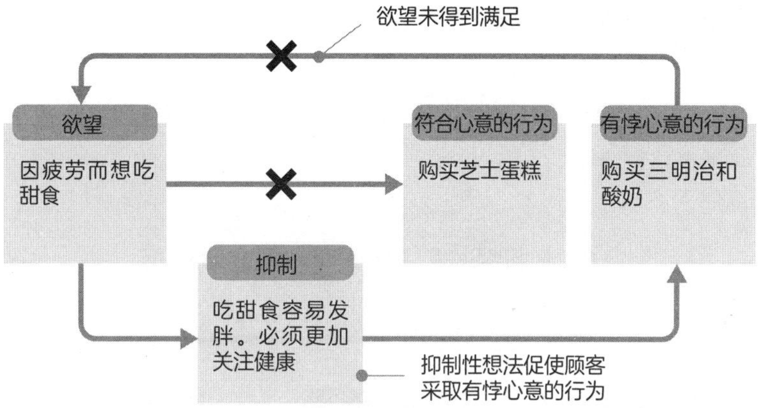

图 2-5　非顾客的行为背景分析（日间情境）

当我们继续观察夜间情境，发现这位男士产生了新的需求：对日常两点一线的生活感到空虚，渴望生活的充实感。为了满足这种需求，男士最终选择购买了冰激凌和红酒。

那么，这种选择究竟给他带来了怎样的回报呢？所谓的“回报”，是指能够满足人们各种欲望的事物。显然，这个案例中的物质回报是冰激凌和红酒，那么心理回报又是什么呢？这需要我们再次审视他的生活背景与内心需求。

例如，通过这位男士所说的“两点一线”“一天结束总会感到十分空虚”等话语，我们可以感受到他每天的生活缺乏明确的“开始与结束”的节点。这可能意味着，即使他回到家中，仍然承受着工作的紧张感和压力。所以，能够圆满地结束一天，并拥有实现这一愿望的时间和空间，这对他来说就是一种心理回报。换句话说，享用冰激凌和红酒，不仅为他的一天画上了完美的句号，还给他带来了一种生活的充实感。

这一过程可以用图 2-6 表示出来，欲望、行为与回报形成了一个循环模式。

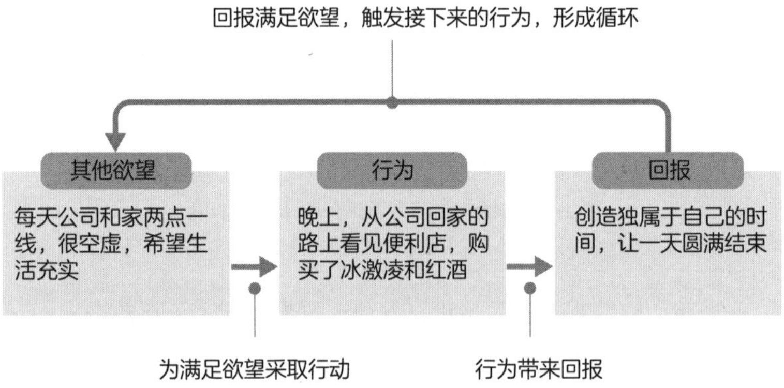

图 2-6 非顾客的行为背景分析（夜间情境）

把握目标、利益与定位，给新顾客一个“购买契机”

从现在起，我们将进入“重新诠释品牌”阶段。为了吸引漫画中的男士购买芝士蛋糕，我们必须基于他的思考模式和生活背景来调整商品宣传文案的内容和重点，也就是要重新诠释品牌。

综合目前的信息可以推测出来，这位男士可能是基于以下逻辑来理解事物的。

顾客的合理性：

“白天工作时，为了健康需要适量控制、少吃甜食，但到了晚上，为了给一天画上完美的句号，尽情享用甜食亦无妨，可以获得心灵满足。”

简言之，在白天，人们往往会考虑到健康，抑制对甜食的渴望。而到了晚上，人们为了获得一天结束后的满足感，更容易通过吃甜食来满足欲望和需求。

基于这种逻辑，我们可以重新诠释顾客购买芝士蛋糕的情境（本书将这类情境称为“目标情境”），来吸引这位男士购买芝士蛋糕。

- **重新诠释前的目标情境：**
  白天，午餐后想吃甜点
- **重新诠释后的目标情境：**
  夜晚，回家时深感空虚

我们将目标情境定位于“夜晚”之后，接下来的任务便是考虑如何通过有效的宣传策略，吸引顾客在夜间选择芝士蛋糕。在夜间情境中，人们寻求的是一种“为一天画上圆满句号”的心理回报。因此，强化芝士蛋糕与这种心理回报之间的联系，更有助于提升产品的吸引力（见图 2-7）。

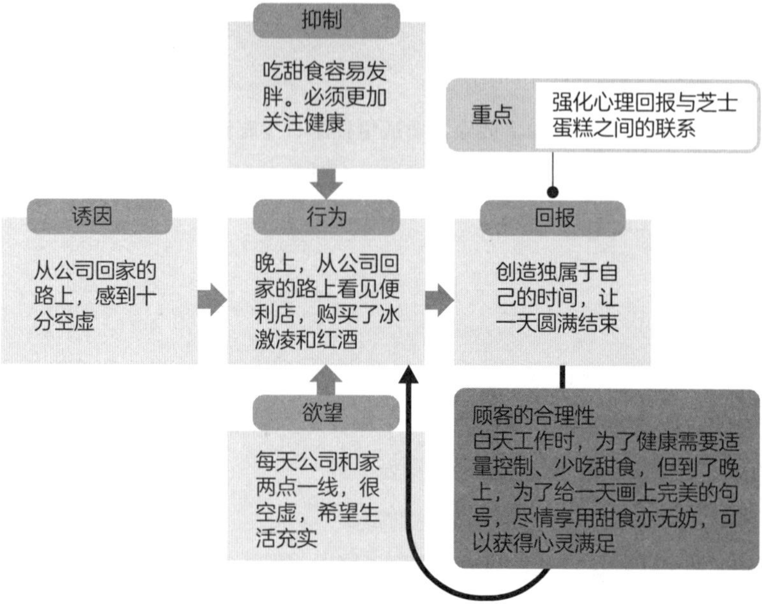

图 2-7　品牌的重新诠释（1）

我们的目标不仅是将芝士蛋糕作为红酒或冰激凌的替代品，而且是希望顾客在今后夜晚回家时，都会首选芝士蛋糕。为此，我们需要深入思考并明确广告文案的核心价值。

目前的广告内容如下：

产品特点：

- **低糖配方，甜而不腻（主要卖点）**
- **精选 3 种天然奶酪，保证口感醇正**

产品定位：

- **适合作为午餐后的甜点，是便利店的热销产品**

目前该文案主要宣传的产品特点是“低糖配方，甜而不腻”。但在夜间情境中，消费者追求的回报是“让一天圆满结束，获得充实感”。单纯的“低糖”特性并不足以满足这一情境下的需求，而“甜而不腻”也缺乏足够的吸引力。如果我们强调“精选 3 种天然奶酪”，又可能给人一种过于奢侈的印象。那么，是否可以重新定义产品价值，比如定位为“为今天画上圆满的句号，享受一段奢华的时光”，并以“低糖”作为支持产品宣传点“夜间享用也无负担”的依据（reason to believe，RTB）？这样的重新诠释是否更为合适呢？

- **重新诠释前的价值：**
  低糖配方，甜而不腻
- **重新诠释后的价值和 RTB：**
  为今天画上圆满的句号，享受一段奢华的时光
  低糖，所以夜间享用也无负担

“低糖”作为企业精心研发的特质，体现了产品的独特性，将其作为主要宣传点无可厚非。然而，要让非顾客感受到产品的价值，必须根据非顾客的需求和行为逻辑来重新诠释品牌。从图 2-7 中，我们可以了解到这就要求在强化回报的同时，还要弱化抑制性想法。也就是说，通过传递“为今天画上圆满句号的奢华时光”这样的信息，强化消费者的心理回报感，同时附加“低糖配方，夜间享用也无负担”的功能性宣传语，减轻消费者购买时的顾虑。图 2-8 阐释了这种策略。

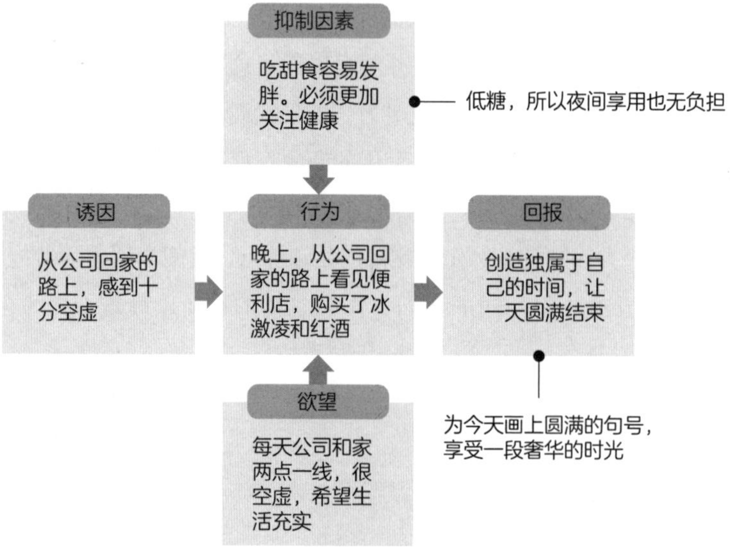

图 2-8　品牌的重新诠释（2）

第 4 章将详细解释这些策略。我们需要认识到，找出多种营销干预点（变量）对于深入理解目标市场和消费者心理至关重要。

现在，我们将这些价值应用到图 2-6 中的“回报”环节，可以得到图 2-9。如此，将芝士蛋糕定位在了一个循环模式之中：满足欲望→获得价值（回报）→回报进一步满足欲望→重复购买。这一循环模式构成开拓新市场的基础。

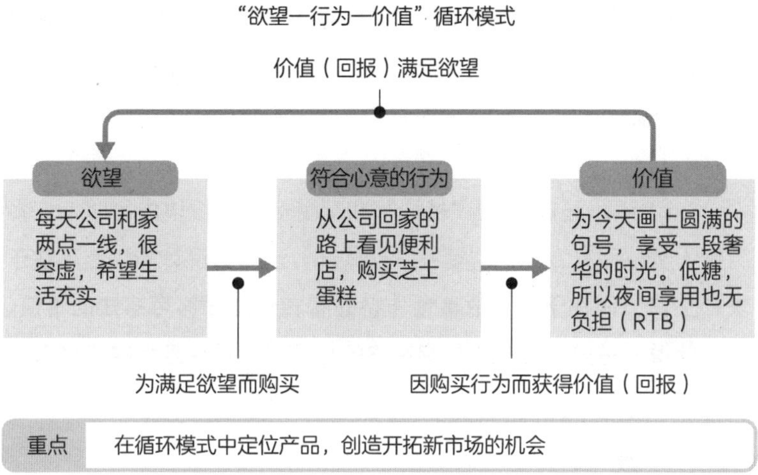

图 2-9　品牌的重新诠释（3）

- **重新诠释前的定位（日间情境）：**
  芝士蛋糕＝低糖配方，甜而不腻→白天工作时，为了健康需要适量控制、少吃甜食→欲望无法满足
- **重新诠释后的定位（夜间情境）：**
  芝士蛋糕＝为今天画上圆满的句号，享受一段奢华的时光→每天公司和家两点一线，很空虚；尽情享用甜食亦无妨，可以获得心灵满足→欲望得到满足，并促使下一步行动

为了拓展图 2-9 中所示的新市场，广告宣传策略也需要做出相应的调整。图 2-10 展示了品牌重新诠释后的广告设计图（创意简报、方向说明书）。按照前述步骤，遵循重新诠释的逻辑，广告设计图就自然而然地成型了。在实际操作之前，我们还要对重新诠释的目标、价值、定位进行合理性测试，这部分在第 5 章中会进行详细阐述。

在确定图 2-10 中的“目标”和“受众”等板块内容时，许多营销人员往往只专注于“填补”这些部分。**广告设计的核心不在于填补空白，而在于通过故事创作将品牌转化为顾客可感知的价值。正确的做法是先构思一条贯穿始终的故事线，再合理地将其融入广告的各个部分。**

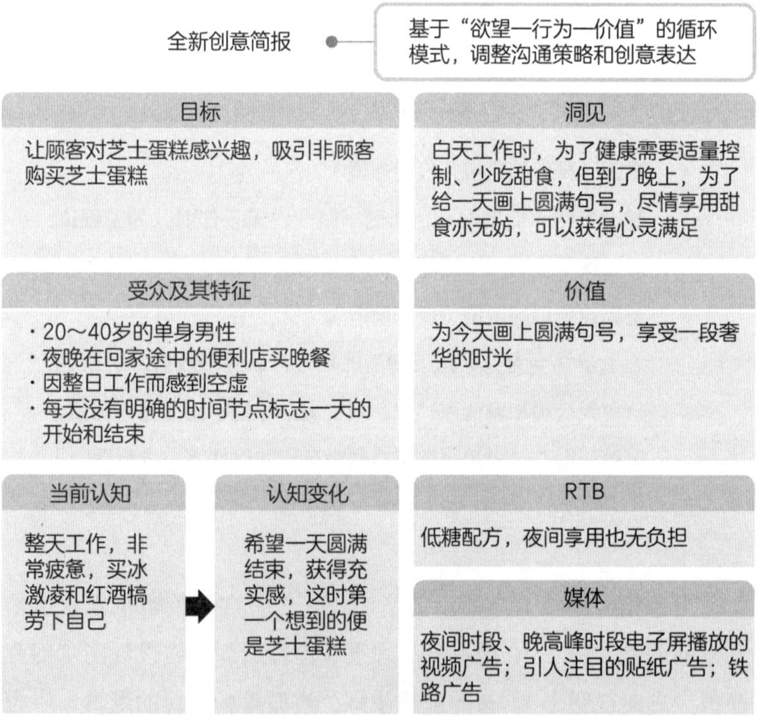

图 2-10　制作创意简报

虽说广告创意简报中的每个部分都有了内容，但如果只是机械地填充板块，整体上可能会缺乏重点。因为这样的做法尚未明确广告故事的根基，也就是“品牌向谁提供什么价值”“如何利用品牌特征为顾客提供价值”。

到这里读者应该已经意识到，在重新诠释品牌的过程中，深入挖掘故事核心至关重要。也就是要明确“对顾客而言品牌的真正价值在哪里，如何通过宣传来彰显这种独有的顾客价值”。接下来，只需要将这些内容拆解、整合进广告创意中。在填充各个部分的同时，也要注重各部分之间的联系。这种方法不仅适用于广告开发，也适用于产品概念的开发。

本章所展示的只是重新诠释品牌的一个示例，对读者而言，可能存在更有说服力的故事。然而，重新诠释品牌的关键不在于方法的选择，无论是定性的行为观察、访谈，还是其他技术，而在于捕捉消费者思维和行为的规律性。例如，本章着重探讨了心理学中这样一个规律：“行为产生结果（回报），人们通过体验，学习如何使回报最大化。”这也就是强化学习。其实，理解规律性的核心不仅关乎第 1 章中提到的数学和统计学，且关乎行为模式的深刻洞见。

数学和统计学在宏观分析规律性方面具有优势，因而适合用来制定宏观战略。但当涉及广告信息开发或产品体验改善等微观层面的规律性时，心理学和文化人类学能提供更加合适的研究方法。这实际上是根据目的选择手段的问题，即工具的适用性问题。

第 3 章中，我们将对当前市场营销策略与非顾客营销之间的区别进行深入梳理和分析。尽管内容涉及战略与执行、科学与人文等不同话题，但读者如果能有意识地从目的和手段的角度认识问题，将有助于更深刻地把握学习内容。

第 3 章

新获客的 4 大反常识

从 0 到 1 的新获客瞬间

不符合典型顾客特征的少数群体、
以营销人员预料不到的方式
使用产品的非顾客，
往往预示着新的市场机会。

本章将探讨传统营销与非顾客营销的区别，阐述理解非顾客所需的视角，并揭示与营销相关的常见误区。通过阅读本章内容，你能掌握理解非顾客的整体框架和要点。

理解顾客与理解非顾客的核心区别在于出发点不同。在日常生活中，你可能只对一两个品牌有偏爱，对其他品牌却鲜有关注，只是将其视作一种普通商品。这种只将品牌视作普通商品的认知状态正是理解非顾客的出发点。而理解非顾客的目的便在于从这个角度出发，探索如何增加这些品牌的营销机会。

在传统营销理论和方法中，有些策略对重度用户和忠实“粉丝”非常有效，但不太适用于吸引轻度用户或非用户。这些策略不仅无效，甚至会产生相反的效果，导致非顾客流失、预期销售额无法达成，甚至带来更负面的营销后果。我曾目睹许多项目，投入了数千万甚至数亿日元，却因营销策略的误用而以失败告终，最终变成了一场代价高昂的“营销游戏”。

这样的情况并非人们所愿，但确实时常发生。一些营销人员认为制定的策略十分有效，却因为误判了问题的性质和解决方法的性质，导致营销策略出现了相反的效果。本章将基于这些背景，深入探讨非顾客营销与传统营销的差异，并与大家共同讨论在吸引新顾客和拓展市场过程中解决问题的方法和需要警惕的陷阱等重要议题。

本章中还将介绍针对轻度用户的营销理论背景及相关的前期研究。如果你更关注具体方法而非理论，可以选择跳过这一部分。然而，对于营销从业者，我建议按照顺序阅读，因为这有助于你重新审视那些看似合理的营销常识。

表 3-1 描述了传统营销与非顾客营销的差异。接下来，我将依次按照以下顺序进行解释："数据驱动方面的差异""顾客调查和分析方面的差异""STP 战略方面的差异"和"品牌战略方面的差异"。在此过程中，用"×"表示对传统营销的理解误区，用"○"表示非顾客营销所需的视角。

表 3-1　传统营销与非顾客营销的区别

	传统营销	非顾客营销
数据驱动方面的差异	[×] 只要查看数据就能理解顾客	[○] 只有理解影响顾客购买行为的内在规则，通过数据驱动获得的知识才能够在实际工作中发挥作用
	[×] 只要提出假设并进行检验，就能得到正确答案	[○] 精心打磨问题至关重要

续表

	传统营销	非顾客营销
顾客调查和分析方面的差异	[×] 核心在于理解看得见的“粉丝”和重度用户	[○] 不符合典型顾客特征的少数群体，以营销人员未预料到的方式使用产品的非顾客，往往预示着新的市场机会
	[×] 深入理解单个顾客，开发能够吸引该顾客的产品或设计相关广告	[○] 对单个顾客的深入理解，是为了发现新的机会，并重新审视品牌以瞄准更大的新市场
	[×] 通过用户画像理解顾客的性格与心理至关重要	[○] 更重要的是理解影响顾客产生不同思维方式和采取不同行为的条件和情境
	[×] 理解人至关重要	[○] 理解情境至关重要
	[×] 听取顾客意见固然重要，但顾客往往难以准确表达自己行为背后的理由，因此最终还要靠营销人员自己思考最佳方案	[○] 顾客行为有其自身的合理性。虽然某些行为看似缺乏明确的理由，但只要我们理解了有关情境，就能发现其行为的动机
STP 战略方面的差异	[×]STP 是一种具有高度可重复性的方法，这一点毋庸置疑	[○] 许多研究者对 STP 战略中细分市场环节的有效性提出疑问
	[×] 细分现有市场并缩小目标群体	[○] 打破现有市场框架，重新定义市场
	[×] 针对特定人群进行目标定位，从特定人群中寻找营销的切入点	[○] 根据生活情境或生活场景进行目标群体定位，在顾客的日常行为和活动中寻找营销的切入点
	[×] 必须按照“S → T → P”的顺序进行思考	[○] 日本企业有时更倾向于按照“P → T → S”顺序进行思考
品牌战略方面的差异	[×] 提高顾客的忠诚度就能增加市场份额	[○] 增加市场份额需要提高市场渗透率
	[×] 社交媒体和“粉丝”口碑是低成本吸引新顾客的魔法棒	[○] 口碑营销也遵循双重危机定律，并不存在所谓的魔法棒
	[×] 顾客在生活中会想到品牌，并期望与品牌保持联系	[○] 对品牌的爱、羁绊只是一种比喻性说法。实际上，很少有人会对某个品牌产生像对人一样的情感或态度，而且这些对于品牌的市场份额或业务增长几乎没有影响

反常识 1：理解数据还不够，理解数据背后的行为逻辑才是关键

数据驱动是一个容易让人产生误解的概念。身为营销领域的专家，我经常被邀请参与新业务和营销项目的开发。与此同时，我也经常遇到一些人，他们错误地认为“查看过数据就等于理解了顾客”。无论是市场调查、数字平台分析、客服中心收集的顾客反馈，还是社交媒体上的信息检索，尽管数据来源多样，但“查看数据就等于理解顾客”的观念似乎已经根深蒂固。

确实，数据有助于我们更好地理解顾客，但仅仅通过查看数据就认为自己完全理解了顾客，这种想法未免过于肤浅。

[×] 只要查看数据就能理解顾客。

[○] 只有理解影响顾客购买行为的内在规则，通过数据驱动获得的知识才能够在实际工作中发挥作用。

你是否听过“不要思考，去感受”这句话？这是电影《龙争虎斗》中李小龙的经典台词。接下来还有这样一句话：“我指着月亮是为了让你注意到月亮，为什么你却只盯着我的手指看呢？”

这就是禅宗的“指月”公案，我们可以用这个公案生动阐释数据与顾客之间的关系。**在这个比喻中，月亮代表了佛教的真理，而手指则是经文的隐喻。其寓意在于，我们不要被手指（经文）所迷**

惑，而应关注手指（经文）所指向的月亮（真理）。在市场营销的情境中，手指可以解读为数据，月亮则代表顾客。

正如这句话所告诉我们的，仅仅查看数据并不足以真正地理解顾客。数据只是结果的体现。若只关注结果，你就无法明白造成这种结果的原因。

解决问题的关键在于探究产生这种结果的过程和机制，并寻求结果的可复制性。这种探究过程才是理解顾客的本质。只有理解数据背后影响顾客购买行为的内在规则或规律，基于数据分析获得的知识才能够在实际工作中发挥作用。

此外，假设检验也是一个被随意使用的概念。市场营销人员常被灌输这样一个观点，"提出假设并进行检验是科学的做法"。然而，这种观点有时会被理解为"只要提出假设并进行检验，就能得到正确答案"。这可能会导致一种误解，那就是随意提出的想法只要建立了假设，收集过数据，进行过测试，就能变成真理。这种做法在某种程度上已经变成了一种停止深入思考的借口。

[×] 只要提出假设并进行检验，就能得到正确答案。

[○] 精心打磨问题至关重要。

这种思维方式在理解顾客方面也是极为危险的。因为它会导致人们误以为，只要结论是通过科学方法得出的，就必然正确。或者说，一旦经过了检验，就应该将有关假设视为永恒的真理。这种思维定势会严重阻碍自己和他人深入思考。

实际上，假设检验并非一次性的简单过程，而是一个动态的、循序渐进的过程：从先前的研究成果或观察中提炼出问题，建立假设并进行检验，而检验结果又再次引出新的问题（见图 3-1）。

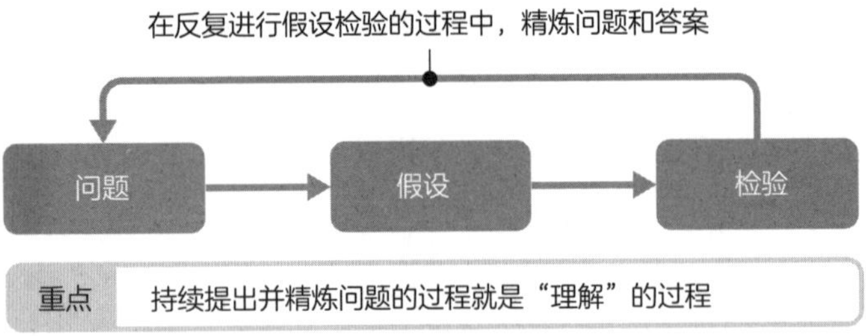

图 3-1 理解顾客的持续过程

如果最初提出的问题就是错误的，那么无论如何进行假设检验，最终也只是从错误的方案中选出稍微好一点的而已。因此，理解顾客的关键在于建立假设前所提出问题的准确性。最初问题的答案会引出下一个问题，通过解答它们，会逐渐触及核心。

虽然事实（现象）只有一个，但真相（对现象的解读）却因人而异。很多时候，即使我们检验了一个假设，也不可能百分之百理解顾客。实际上，持续提出问题并精炼问题本质的过程就是不断加深顾客理解的过程。

反常识 2：对情境的理解，比对人的理解更重要

在理解顾客方面，市场营销人员常常会陷入一些误区，其中最突出的就是固守“我们的主要目标顾客就是这样的人”的刻板思维。他们可能会说，“购买我们品牌的只有这些人”“想要提升销量，就必须集中力量为这个群体开发产品”。但事实真的是这样吗？为什么一定要限定市场开发的对象？实际上，没有品牌会只为了符合用户画像的人群去开发产品。

[×] 核心在于理解看得见的“粉丝”和重度用户。

[○] 不符合典型顾客特征的少数群体，以营销人员未预料到的方式使用产品的非顾客，往往预示着新的市场机会。

市场营销人员往往倾向于关注那些显而易见的、典型的用户画像。但如果局限于这一视角，将会错失发现新市场的机会。解决这一问题的关键在于思考“顾客目标”，也就是品牌产品在顾客生活场景中发挥的作用是什么。对市场营销人员而言，目标是促成顾客购买自己品牌的产品；而对顾客来说，则是希望通过产品来提升自己的生活品质。换句话说，顾客会在更丰富的生活背景下评估产品的品牌价值，因此品牌的价值会随着产品的使用场景和情境的变化而变化。所以说，弄清楚产品在何种场景下会被使用，为何会被使用，像这样去理解产品与顾客生活的接触点至关重要。作为市场营销人员，要特别关注那些不符合典型用户画像的少数群体以及非传

统的产品使用方式。这一部分将在第 4 章中进行详细讨论。

当今的市场营销领域不断在强调要深刻理解单个消费者的个人特征和需求。然而，由于用户画像、顾客旅程等方法论在行业内的广泛应用，这种理念有时会被误解。例如，当营销人员在讨论是否要基于对个别消费者的深刻理解来开发产品或设计广告时，常常会遇到反对意见："仅凭少数人的数据做决策是很危险的，这一做法缺乏统计学依据。""若不覆盖一定的市场规模，这样的提案是通不过的。"这些反对意见可能源于营销人员对于"为单个顾客开发产品或广告"这一概念的误解。

[×] 深入理解单个顾客，开发能够吸引该顾客的产品或设计相关广告。

[○] 对单个顾客的深入理解，是为了发现新的机会，并重新审视品牌以瞄准更大的新市场。

对单个顾客进行深入的定性分析，目的并非直接向个人销售商品，而是为了洞察个人背后更广阔的市场和购买行为的规律。当我们为了获知那些普遍存在的顾客需求，直接去观察大量人群时，只会得到如平均值或平均分这样的压缩信息。

相比之下，深刻理解少数顾客的生活情境，有时能让我们捕捉到以前未曾察觉的规律，例如，特定情境下反复出现的行为模式、思维习惯和消费倾向等。这些规律不仅限于个体，如果我们能够将它们转化为宣传语、产品，将会引起大众的广泛共鸣。发现这样的新切入点，并重新诠释品牌以获得更广泛的市场关注，这才是深刻理解单个顾客的本质。因此，正如我们常说的，研究那些并不存在的虚构用户画像或顾客旅程没有实际意义。

[×] 通过用户画像理解顾客的性格与心理至关重要。

[○] 更重要的是理解影响顾客产生不同思维方式和采取不同行为的条件和情境。

谈及理解顾客，人们普遍认为它关乎洞察顾客的特征属性和内心需求，如性别、年龄、价值观、个性、生活方式和兴趣爱好等。在现代市场营销实践中，营销人员常根据这些信息构建用户画像，他们认为目标群体就是具有某种特征属性的人，所以就认为他们的相关做法对顾客具有吸引力，相关营销概念的效果也符合预期。你可能见过以下目标群体画像。

商品：清凉饮料（基于顾客特征属性和内心需求设定的目标）

目标顾客是一位注重健康的 30 多岁女性。她倾向于选择天然水或碳酸水这类健康饮品，喜欢那些具有强烈设计感，即便放置在自己的生活空间也不显突兀的包装设计，热衷于排毒和瑜伽，居住在东京，从事服装行业。

营销人员通过设定这种用户画像来理解非顾客的做法是行不通

的。首先，个人特征与该顾客对品牌是否感兴趣并无直接关系。顾客不感兴趣，并不是因为特定的价值观或某个想法，而只是单纯不感兴趣。非顾客对某个品牌的兴趣，根本还未达到他们去考虑其是否符合自己价值观的程度。因此，这时候去创建非顾客的用户画像或进行用户分析，很可能徒劳无功。

其次，许多人将用户画像与用户档案或目标群体画像混为一谈。如果是要理解“粉丝”或重度用户，混淆也无所谓，但在理解非顾客时，我们需要深入理解用户画像的真正含义。用户画像的概念源自荣格心理学。

在荣格心理学中，人被视作能够根据不同的社会环境和期望，切换不同的“面具”并扮演相应角色的个体。例如，一个人在公司里可能是一个值得信赖的上司，在家庭中是一个随和的父亲，而在大学同学聚会上又可能展现出幽默搞笑的一面。这种根据不同时间、地点和场合调整自我形象的行为，在荣格的理论中被称为“人格面具”。与人格面具相对的是“阴影”，它代表了那些为了适应角色而被压抑的情感和人格特质。阴影具有与人格面具相反的特性。荣格认为，每个人格面具背后都隐藏着一个对应的阴影，类似于《化身博士》中杰基尔医生与海德先生的关系①。

顾客同样会根据不同的情境、心情和对象，在社会生活中变换各种人格面具。相应地，他们的想法、喜好乃至对品牌的选择也会随之

① 杰基尔医生是试图通过实验，分离善恶的科学家，而海德是他纯粹邪恶的第二人格。——编者注

发生变化。也就是说，用户画像反映的是同一个顾客身上的不同人格特征，而非市场上不同的顾客，将用户画像简单等同于用户档案或目标群体画像就会导致误解，而正是这种误解妨碍了我们去正确地理解非顾客。

市场营销中的普遍做法是向注重健康的人推销无糖可乐，向注重性价比的人推销第三类啤酒[①]。想要理解非顾客，就得开动脑筋让注重健康的人购买普通可乐，让注重性价比的人购买高端啤酒。因为仅仅详细描述顾客的常规价值观和行为模式，无法探索和识别理解非顾客的不同寻常的路径。

如果顾客对于品牌的喜好和选择会随着不同“面具”而变化，那么营销成功的关键在于理解他们何时会更换这些“面具”，以及在何种情境下，他们的“面具”会转变为“阴影”。一个注重健康的人在什么情境下会选择喝普通可乐？同样地，一个注重性价比的人在什么条件下会购买高端啤酒？要吸引非顾客，我们需要洞察“在特定条件下，顾客在思维和行为上的变化以及这些变化对其选择品牌方面产生的影响”。

[×] 理解人至关重要。

[○] 理解情境至关重要。

① 第三类啤酒不含麦芽，通常使用大豆蛋白、啤酒花提取物、谷物等作为主要原料。这种啤酒价格很便宜，但风味较差。——编者注

通过这些思考，我们可以获得一些重要的启示，以更好地理解非顾客。首先，我们认识到，在脱离具体情境的情况下，试图理解人与购买行为之间的关联是没有意义的。这是因为人的行为和想法会随着不同情境而变化。仅仅通过创建非顾客档案，营销人员便认为“这个目标群体具有这样的价值观和想法，所以这样的产品会受欢迎，这样的宣传信息会吸引到他们”。如果再基于这种逻辑制定策略，那其实际效果也就非常有限。

其次，我们需要真正理解的并不是“人”，而是“当时的情境”。市场营销策略的制定不能仅仅基于顾客的特征属性和内心需求，而是要理解在特定情境下顾客尝试扮演的角色，他们在这一过程中被压抑的心理状态，以及在这种矛盾状态下他们可能采取的行为。洞察人们的内心世界与外部环境的相互作用及其规律，有助于我们制定出能够吸引非顾客的有效策略。

基于上述观点，针对非顾客的市场营销，我建议将重点放在“情境”而非“人”上。我们不应仅仅依据人口统计特征将市场划分为几个细分市场，而应关注有关类别产品的所有使用者（或大多数使用者）在生活中可能遇到的各种情境（如日常生活场景或特定生活情境）。以清凉饮料为例，它的目标情境可以这样设定：

商品：清凉饮料（基于情境设定的目标）

目标顾客为“所有在外出时感到口渴的人”。

基于情境设定目标的优点，在于它不限定顾客群体。我们可以从品牌与日常生活场景紧密结合的角度，来制定营销策略。

有效的营销策略就是要在心理和物质层面上，将品牌与顾客生活中的具体场景和时刻（如外出时感到口渴）联系起来。消费者接触品牌信息的情景被称为 CEP，即品牌接触点。为了吸引更多的非顾客，品牌需要有更多的接触点，因为市场份额越大的品牌往往触达越多的接触点[1]。换句话说，如果品牌拥有更多的“品牌入口”，那么非顾客接触并选择该品牌的概率就大（见图 3-2）。

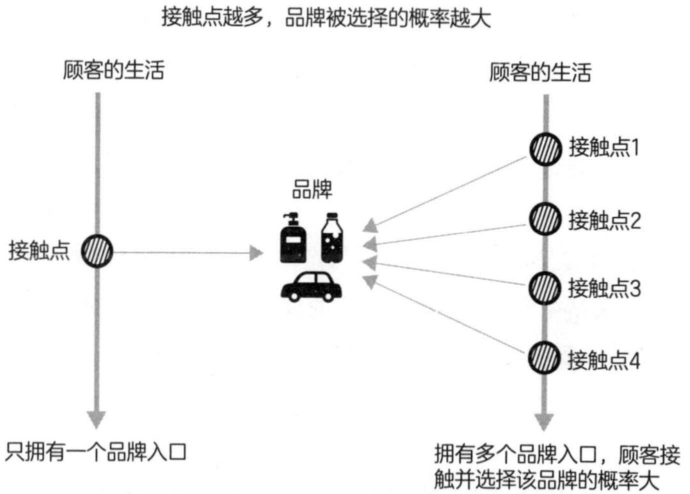

图 3-2　品牌接触点

第 4 章中，我将详细阐述市场营销人员如何才能发现接触点，以及如何将品牌与接触点进行有效连接。

顾客的实际行为常常与他们在访谈或问卷中所述的不一致。那么，面对这种矛盾，我们又该如何应对呢？我们通常认为人的行为由某种动机驱使，即动机在先，行为在后。然而，非顾客恰恰相反，行为在先，理由在后。

非顾客并非出于一个具体理由去选择品牌，他们通常是在没有事先考虑的情况下采取行动。只有当顾客需要用语言表达出具体理由时，例如，要在社交媒体上发表评论或回答调查问卷，他们才会想出一个让自己信服的理由。实际上，市场调查、客服中心收到的顾客反馈和社交媒体上的评论大多属于对行为的解释。因此，如果我们试图从顾客那里直接寻求答案，比如，关于顾客为什么购买，在什么情况下会重复购买的问题，很可能会被误导。

为了避免这种误导，我们不应直接向顾客询问答案，而应从品牌使用的具体场景中寻找事实依据，并据此推测“顾客的合理性”。通过分析事实，我们可以探究在特定情境下人们的反应是怎样的，以及在有关情境下人们会做出怎样的合理判断和行为。此外，还需要思考品牌对顾客的真正价值所在。

[×] 听取顾客意见固然重要，但顾客往往难以准确表达自己行为背后的理由，因此最终还要靠营销人员自己思考最佳方案。

[○] 顾客有其自身的合理性。即使某些行为看似缺乏明确的理由，但只要我们理解了有关情境，就能发现其行为的动机。

我将在第 4 章中详细解释这部分内容。即使消费者是在没有事先考虑的情况下选择了某品牌，这一行为也并非完全随机。正如“现代管理学之父”彼得·德鲁克指出的，我们应该认定顾客的行为具有合理性[2]。顾客的行为背后的生活情景是营销人员尚未关注到的。即使顾客的某些行为看似缺乏明确的理由，但只要我们理解了有关情境，就能发现其行为的逻辑。因此，识别这种“依赖于情境的合理性和行为模式”，是理解非顾客的关键所在。

品牌营销的创意若不符合顾客的合理性，就很难获得市场的认可。如果对顾客的合理性缺乏深刻理解，那么即使在内部会议上对营销创意进行了反复推敲和精心打磨，这些创意也仅仅是基于“企业的合理性”来构思的，并不一定能真正满足顾客的需求和期望。例如，如果顾客认为乌鸦是白色的，那么无论影像分辨率多高，性价比多好，显示乌鸦是黑色的电视也绝对卖不出去。

广告领域同样遵循这一原则，尤其是劝说性广告。对于相同的产品功能，广告内容如果契合顾客的合理性，就能够有效地向顾客传达品牌信息；广告内容如果违背了顾客的合理性，则不会为顾客所接受。例如，虽然广告强调了浓缩型洗衣液只需按压一次即可去除污渍，但习惯了使用传统洗衣液的人们仍会按压多次。这些顾客坚决认为“按压一次不可能去污”，有其自身的合理性。针对这种情况，浓缩型洗衣液广告应劝说消费者适量使用，比如用“想要清除普通污渍，你只需按压一次；如果是清除顽固污渍，则需按压两次”这样的说法。

特别是面对非顾客时，营销人员需要放下既有的常识，重新学习。营销人员要承认自己的合理性与非顾客的合理性存在差异，并关注到这些差异，通过语言转化、对比分析，重新理解非顾客的合理性。基于这种理解，重新规划品牌策略，才能真正理解非顾客。换句话说，理解非顾客不仅意味着重新阐释品牌，也包括重新理解营销人员自身。

从理解顾客到理解非顾客，营销人员还需要重新学习以细分市场和忠诚度为中心的“王牌”营销策略。这些构成现代营销基础的策略主要发展自科特勒提出的 STP 战略[3]和世界级品牌管理大师戴维·阿克（David A Aaker）提出的品牌资产模型和品牌忠诚度理论[4]。在通常情况下，注重营销的企业会融合这些理论，制定以下战略：

首先对消费者进行细分，锁定目标顾客，然后根据目标顾客的需求进行产品开发、广告宣传和渠道管理。

通过推动产品差异化，确立品牌在市场中的竞争优势，并利用 CRM 和社交媒体提高顾客的忠诚度，增加“粉丝”数量。虽然也可以通过大众传媒塑造品牌形象，但品牌公司一般更关注成果指标，比如短期的 ROI 和用户推荐指数。特别是在电商领域，品牌经常利用灵活且能快速启动的促销活动来提高市场激活的效率。

不过，针对非用户和轻度用户的营销策略与这些常规方法大相径庭。在吸引新顾客和创造新的营销机会时，传统理论和常规做法往往不再适用，甚至可能产生相反的效果。如果营销人员未能认识到这些差异，会导致目标与执行手段不匹配，致使预算被错误地分配到无关紧要的地方，而未能投到真正需要的地方。接下来，我将首先讨论“STP 战略”，继而分析“品牌战略”，在列举一些常见陷阱的同时，我还会阐释在理解非顾客方面需要引入的新视角。

反常识 3：市场分析的起点不是顾客细分，而是品牌定位

在市场营销领域，STP 是一个常用的战略框架。然而，STP 中的“S”，即细分市场的理念和其合理性，已多次受到质疑。细分市场通常是基于人口统计特征（如性别、年龄）或心理特征（如价值观、生活方式）进行划分的。但如果一些细分市场仅存在于理论中，或者说即便实际存在，其规模和数量也时常在变化的话，那么无论是否进行细分，其对市场收益的影响都微乎其微。面对这种情况，我们应如何调整营销策略呢？

[×] STP 是一种具有高度可重复性的方法，这一点毋庸置疑。

[○] 许多研究者对 STP 战略中细分市场环节的有效性提出疑问。

实际上，许多学者发表论文，基于顾客特征和属性对市场进行细分，并对由此制定的 4P［产品（product）、价格（price）、渠

道（place）、推广（promotion）] 策略的合理性表示怀疑。这些疑问涉及多个方面，包括细分市场中变量选择的任意性、细分市场的数量和规模、细分市场在时间轴上的稳定性、细分市场的可重复性，以及细分市场能增加整体收益的依据等问题。[5-11]

在细分市场中，人口统计特征和心理特征是最常用的标准。曾有一项涵盖 50 多个商品类别、约 2 万名消费者参与的大规模市场调查发现，这两个特征虽然能够解释不同消费群体对不同商品类别的偏好，却不足以解释不同消费群体对不同品牌的偏好和选择。[12] 我曾在营销科学部门工作，并多次参与细分市场项目，也接触过市场调查公司和广告代理商的细分市场报告。经验表明，只有重度用户占比高的细分市场表现出显著差异，而轻度用户占比高的细分市场往往缺乏明显特征，因此难以解读。

这些发现对于实际营销操作具有重要的启示作用。只有当每个细分市场的偏好和购买趋势相对稳定时，产品和广告才能根据细分市场的特征开发出来。如果这一前提被打破，那么问题就大了。有时即便开展营销，销售情况也仍不理想。

面对这种情况，我们通常将问题归咎于"对消费者的分析有误"或"产品优势没有得到充分展示"等方面，并据此调整策略。但是，如果细分市场本身不稳定，那么无论如何改进营销策略也无济于事。

[×] 细分现有市场并缩小目标群体。

[○] 打破现有市场框架，重新定义市场。

在有关 STP 战略的研究中，有一个值得注意的现象，那就是不同竞争品牌的顾客档案并没有显著差异。[13-14] 营销人员常坚信自己的品牌与众不同，吸引着不同的顾客群体，研究结果却显示，竞争品牌的消费群体实际上是同一类人群。当然，这并不是绝对的。当品牌在价格或用途上有显著差异时，它们互相不构成直接竞争关系，相应地，其顾客群体自然也会有所不同（如儿童谷物食品与成人谷物食品）。

还有一个更普遍的趋势，那就是一个品牌的顾客构成往往与该品牌所属商品类别的顾客构成相近。[15] 例如，如果一个商品类别中的顾客性别比例为男性 50%、女性 50%，那么这个类别中每个品牌的顾客比例也大致与此相同。因此，即使企业为了增加女性顾客而推出了针对女性顾客的新产品线，但是只要该产品仍被大众认为属于这一类别，那么顾客性别比例也不太可能出现极端偏差，如女性 90%、男性 10%。

这就意味着，一个品牌能吸引的顾客类型基本上是由其所属的商品类别，即市场决定的。换言之，一个品牌在哪个市场竞争，就决定了它能够吸引的顾客类型和无法吸引的顾客类型是什么，仅凭策略层面的目标市场定位很难带来根本性的改变。因此，要突破这些限制，吸引新顾客，品牌需要得到顾客的认可，并被视作“属于另一个不同的市场”。这正是细分市场在理解非顾客方面发挥的真正作用。

“细分化”这个词通常给人一种市场“分割”的印象。按照STP战略的直观解释，细分市场意味着“为了实现更精准的目标群体选择和集中性营销，不惜牺牲一定的市场规模”。例如，将一个1 000万人的市场细分为A（500万人）、B（300万人）和C（200万人），对此，我们可能产生这样的想法：“虽然C的规模较小，但竞争对手不占主导，我们公司就有可能在此大展身手。因此，我们可以选择C市场作为目标市场，根据其消费群体的喜好和价值观来定位品牌。”

然而，从理解非顾客的视角来看，情况并非如此。细分市场的关键不是简单地“细化市场”，而是“重新定义市场”。依照理解非顾客的视角，为了吸引更多的轻度用户，我们要重新诠释品牌，超越现有1 000万人的市场规模，面向更广泛的潜在顾客群体。换句话说，就是摆脱“市场仅限于1 000万人”和“必须在这个市场里面扩大份额”的限制，回归到总人口的广阔市场，重新构建品牌来吸引更多的顾客。这才是细分市场在理解非顾客层面的本质。

如果一个品牌的目标是规模较小的细分市场，即使成功争取到该细分市场的顾客，获客成本也会迅速增加。这种现象在电商平台表现得尤为突出，而在传统销售渠道中，虽然不那么明显，但原理是相同的。针对同一目标市场的持续投入，回报会逐渐降低，因此市场规模小也是一种劣势。所以，品牌想要获取非顾客和创造营销机会，从最初阶段就应考虑覆盖更广泛的顾客群体。

[×] 针对特定人群进行目标定位，从特定人群中寻找营销切

入点。

[○] 根据生活情境或生活场景进行目标群体定位，在顾客的日常行为和活动中寻找营销的切入点。

当着眼的细分市场发生变化时，企业的目标设定和品牌定位的视角也应随之改变。即便目标细分市场并不真实存在，购买品牌的契机，也就是接触点，却真实存在于日常生活中。我们不应只针对特定的顾客群体，而应考虑大多数非顾客可能面对的各种场景或挑战。

正如前文所提到的，顾客选择哪个品牌不单纯受到特征属性或内在需求的影响。商品的特征能否转换成价值这一点取决于商品与顾客所处的特定情境之间的关系，并且随着顾客生活情境的变化而发生改变。[16-18] 因此，顾客对于品牌的选择也会随着生活场景、社交对象、预期角色等接触点情境因素的不同而变化。顾客并不是以单一的考虑集合来应对所有接触点，而是在不同的接触点情境下拥有多个不同的考虑集合。[19]

这意味着，除了那些一开始就已决定购买什么商品的忠实“粉丝”，非顾客对于品牌的选择可能会因情境的不同而改变，他们会从符合当下情境的考虑集合中，从概率上去考量，选择最适合自己的品牌。

因此，我们应将特定情境设定为目标，并参考特定情境下顾客采取的行为来定位品牌。我们应该通过接触点来理解非顾客的消费喜好、购买商品的目的和使用商品的具体情境，进而优化产品特性和丰富广告信息，使其更符合顾客行为的动机。例如，美国哈佛商学院克莱顿·克里斯坦森教授（Clayton M. Christensen）提出了“待办任务”概念，它表明品牌被顾客选择的原因。我们可以将“工作间隙洗衣服”“带孩子去海边游泳”“与朋友喝啤酒”等任务视为接触点，将其融入 4P 策略中，提高品牌在这些活动中的使用概率。

基于情境理解非顾客的另一个方法是从利益竞争中探索新的接触点。我将在第 4 章中结合具体案例详细阐述这一方法。在此之前，首先要打破“品牌目标必须是人”这一常识，牢记“针对情境下的顾客行为定位品牌”的思维方式（见图 3-3）。

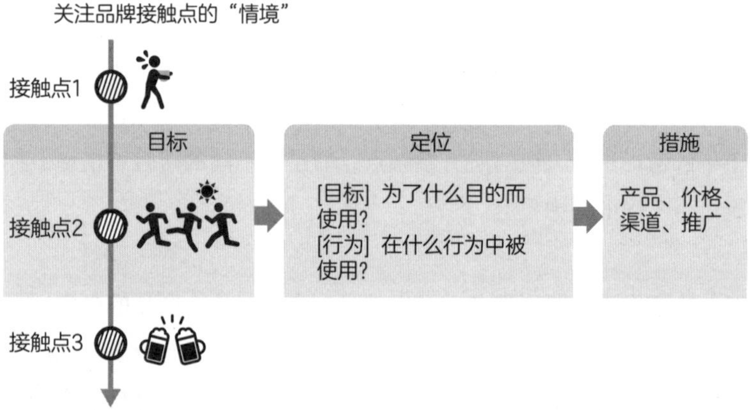

图 3-3　针对情境下的顾客行为定位品牌

我的另一个建议是，不要从细分市场的差异出发，而应从“对顾客真正有价值的品牌利益是什么”这一问题着手，换言之，我们应该从现有的品牌定位出发，重新审视其对顾客的实际价值。

[×] 必须按照“S → T → P”的顺序进行思考。

[○] 日本企业有时更倾向于按照“P → T → S”的顺序进行思考。

在日本企业中，产品导向的文化根深蒂固。产品或服务的基本框架通常在开发阶段就已确定，而营销人员的任务则是找到能够接受这些产品或服务的目标群体，从而制定出针对性的营销策略。因此，营销人员有时可能难以按照“S → T → P”的传统顺序进行营销。面对这种情况，我建议企业在推出新产品或服务时，尝试采用逆向思维，也就是按照“P → T → S”的顺序来思考和制定策略。

传统顺序是“S → T → P”。首先识别市场中顾客的特征和规模（S），其次确定要瞄准的目标群体（T），最后明确该群体认可的产品概念或信息（P）。

与之相反的方法是“P → T → S”。首先明确品牌在哪些方面的价值能够得到顾客的认可（P），其次识别这些价值所吸引的群体以及他们待解决的任务（T），最后评估这一市场规模的大小（S）。

实际上，我们应该将品牌利益，也就是得到顾客认可的品牌特征和价值（WHAT）作为创意起点，深入探讨这些特征和价值被认可的原因（WHY），它们适用于哪些人群（WHO），在何时（WHEN）、何地（WHERE）才能发挥作用。基于以上对情境的理解，我们可以优化创意（HOW），进而将品牌推广到更多轻度用户中去。

基于我个人的观察发现，在那些开发部门拥有较大发言权的日本企业中，“P → T → S”的顺序更容易被接受。在这些企业里，营销并不占据主导地位，确保所开发产品或服务的质量优良才是第一要务，然后，它们才会考虑目标受众是谁，在哪些情境下更容易传达产品或服务的价值。在这种模式下，营销就是将产品或服务转化为顾客价值的手段，这可能更贴近日本企业的经营思维。

然而，“P → T → S”的顺序更适用于刚推出的新品牌或者特定小众市场定位的品牌。对于已经在市场上流通一段时间的品牌，尤其是那些依赖重度用户或忠实“粉丝”的品牌，效果并不显著。

反常识 4：品牌战略的核心不是忠诚度，而是渗透率

消费者行为概率模型的专家安德鲁·埃伦伯格（Andrew Ehrenberg）是对非顾客，即非用户和轻度用户的重要性进行系统化研究的第一人。埃伦伯格发现，消费者购买品牌的频率可以通过一种被称为负二项分布的倒 J 字形分布模型来预测。[20] 后续的研究也证实了这一法则在全球不同国家和各类产品中的普遍适用性。[21]

负二项分布在揭示购买行为和市场特征的多个重要法则方面发挥了关键作用。基于埃伦伯格的研究，拜伦·夏普（Byron Sharp）在其著作《非传统营销》（*How Brands Grow*）中首次提

出“双重危机定律”，这个理论并在全球营销界得到广泛传播。

双重危机定律：

市场份额较小的品牌，不仅顾客数量极少，而且顾客的购买行动力较差，忠诚度也较低。[22]

双重危机定律在全球营销界引发了广泛争议。双重危机定律意味着市场份额越大，顾客数量越多，忠诚度也越高，但问题在于这个过程是不可逆的。也就是说，顾客数量增多可以提升忠诚度，但提升忠诚度并不会增加顾客数量或市场份额。正如本书前面所讨论的，品牌忠诚度在营销中占据绝对主流地位，因此营销人员很难接受忠诚度有所提升并不会使市场份额和业务有所增长这一观点。那么，双重危机定律为何具有不可逆性呢？

[×] 提高顾客的忠诚度就能增加市场份额。

[○] 增加市场份额需要提高市场渗透率。

顾客的忠诚度分为心理忠诚度和行为忠诚度两方面。心理忠诚度涉及顾客与品牌的情感联系。行为忠诚度则体现在顾客购买频率的提高或者为品牌支付溢价的意愿（即使价格较高，他们也不介意）。作为营销人员，我们自然希望通过提高顾客的心理忠诚度来驱动行为忠诚度的提升，进而增加品牌的销售额。然而，营销科学的研究者们指出，情况并非如此。

具体而言，这是因为销售额与顾客的购买频率和次数，即行为忠诚度才是直接相关。无论顾客对品牌有多么强烈的情感依恋，如果这些不能体现在购买行为上，就无法转化为销售额。行为忠诚度与销售额之间的关系通过图 3-4 直观展示出来了。市场份额提升通常意味着品牌吸引了更多至少购买一次的新顾客，从而提高了品牌的市场渗透率。随着顾客数量的增加，品牌被选择的总次数也会随之增加。例如，原本未购买的顾客开始尝试购买，或者已购买过的顾客增加购买次数。从整体来看，品牌被选择的次数增加，负二项分布曲线向右移动。在新的分布图中，购买次数，也就是忠诚度的平均值会略高于原来的分布图。

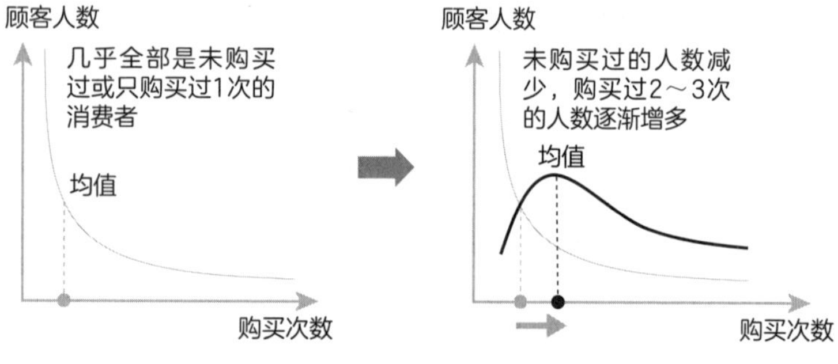

图 3-4　行为忠诚度与销售额的关系

通过忠诚度计划或“粉丝”营销来提升重度用户的行为忠诚度，这样的做法也并不现实。原因有很多，其中最突出的是，对于已经频繁购买某个品牌的重度用户来说，再去购买更多的产品是不切实际的。例如，不会有人因为非常喜爱某款洗发水而每天洗 5 ～ 6 次头。

即使重度用户的购买频率有所提高，但他们的绝对数量较少，因此在整体分布中，平均购买次数也不会发生太大变化。通常我们认为是自家顾客的人当中，实际上有很多人只是偶尔购买我们的品牌，他们其实是竞争对手的重度用户。[23] 鉴于竞争对手也会积极吸引这些重度用户，因此，试图培养只购买我们品牌而不选择其他品牌的顾客是不切实际的。

详细内容我将在本章予以解释。通过分析双重危机，我们可以得出结论：从数学角度来看，顾客忠诚度（即购买频率）是市场渗透率的函数。顾客忠诚度本身并不能直接被提升，它是随着市场渗透率的增长而间接被提高的。因此，在营销活动中，我们应直接提升渗透率，而不是忠诚度。

另外，我们需要从防止顾客流失（顾客维持率）的角度来考虑问题。从心理和行为的角度来看，顾客忠诚度不会一直保持稳定，如果对此不加以管理，顾客会逐渐流失。从这个意义上来说，延缓顾客流失的策略有可能取得一定成效，特别是在订阅报刊等周期性购买的商业模式中，这一策略会在销售额上得到明显体现。

然而，有些情况下顾客流失是无法通过营销来避免的。一些重度用户最终会转变为轻度用户。重度用户与轻度用户之间也会出现周期性互换现象，这被称为“均值回归”。它普遍存在于包括营销在内的所有涉及数据统计的领域。重要的是，我们要认识到均值回归现象发生与否，同营销措施的效果无关，即便采取了相关措施，也难以完全避免这种现象的发生。虽然市场上存在这样的说法：防止少量顾客的流失就能大幅提高利润，但如第 1 章所述，这并不是适用于所有企业的普遍规律。

归根结底，品牌要做的不是如何防止顾客流失，而是即使有顾客流失，品牌也能持续吸引那些可能成为重度用户的非顾客。例如，许多老字号品牌将流失的顾客视为潜在的回头客，采取措施重新吸引他们，以此实现业务增长。这种方法虽然不能让最近流失的顾客立即回归，但起码能让重度用户留存住对品牌的记忆。

顾客对过去使用品牌的体验的记忆是品牌的重要资产。通过在当前市场背景下重新诠释品牌，可以唤起那些“曾经使用过品牌但近期未再使用”的潜在回头客的记忆。更新并重新激活这些品牌记忆，为顾客再次选择我们的品牌提供了机会（接触点）。这是一种振兴传统知名品牌常用的重新定位策略。

[×] 社交媒体和“粉丝”口碑是低成本吸引新顾客的魔法棒。

[○] 口碑营销也遵循双重危机定律，并不存在所谓的魔法棒。

社交媒体让用户的声音更容易传送到营销人员那里。一些营销管理者将社交媒体上的“点赞”数或“粉丝”数作为评价营销效果的指标。虽然这种关注度容易获得，但并不能直接提升品牌在顾客心中的重要性。同时，有些人将社交媒体和“粉丝”营销看作是一种低成本的宣传手段，认为这样做可以增加销售额。然而，社交媒体和口碑营销是否真的具有传统广告所不具备的神奇效果?“‘粉丝’会吸引新顾客，从而增加销售额”的说法在商业实践中究竟能否实现？这些问题都值得深入探讨。

首先，口碑营销也表现出一种双重危机定律：市场份额较小的品牌往往口碑数量较少，而市场份额较大的品牌不仅口碑数量多，而且内容通常也更为积极。[24] 即使社交媒体上的口碑营销大大增加了品牌的曝光机会，但别忘了，竞争对手同样会进行口碑营销，这样一来，口碑营销吸引非顾客的市场范围与传统广告并无太大不同，原有市场份额对营销效果的影响依旧显著。除非有什么方式可以有目的地引发多次爆炸性热潮，否则口碑营销的手段难以突破双重危机的局限，至少目前我尚未发现有效的方法。

其次，社交媒体上的热潮是否会直接促成品牌销售额的增长？那也不一定。哈佛大学的研究者们通过大量社交媒体实验发现，社交媒体上的“点赞”或关注不能提高品牌的好感度，也无法带动品牌“粉丝”现实中的朋友购买。[25] 即使是朋友在社交媒体上推荐，也不太可能让一个人对自己不感兴趣的品牌突然产生兴趣或购买冲动。特别是陌生人的推荐，这种影响力更是微乎其微。有观点认为消费者会通过“粉丝”或“网红”寻找品牌信息，但这主要适用于已经对品牌感兴趣的人群。对于非顾客而言，这些内容只是陌生人在讨论他们不感兴趣的话题而已。

广告也面临同样的问题，认为口碑营销可以免费替代广告的想法对小品牌来说尤其危险，这容易导致它们陷入不投入成本也能逆袭成功的认知误区。

[×] 顾客在生活中会想到品牌，并期望与品牌保持联系。

[○] 对品牌的爱、羁绊只是一种比喻性说法。实际上，很少有

人会对某个品牌产生像对人一样的情感或态度，而且这些对于品牌的市场份额或业务增长几乎没有影响。

在营销情境中，我们常给品牌赋予人格特征，如品牌个性、顾客关系等，品牌仿佛具有了个性和情感。而且，品牌与顾客之间的互动常被视作一种真实的人际关系。品牌经常通过社交媒体、“粉丝”社区等渠道，不断加深与顾客的情感纽带。

然而，事实上一直忠诚于某个品牌的人并不多，这种情感对市场份额的影响也不大。[26] 哈佛大学的实验也表明，消费者在社交媒体上对自己喜爱的品牌“点赞”或关注，并不会显著提升大众对品牌的好感度或促进购买量的增加。[27]

可是，我们又常听说品牌“粉丝”或品牌社区成员购买率较高的案例。为什么这会和以上观点矛盾呢？这是因为实验数据与观察数据之间存在差异。社交媒体平台通过用户的浏览历史和搜索关键词等信息可以为用户展示个性化内容，用户也可以轻松地屏蔽自己不感兴趣的内容。在这种环境下，如果一个品牌的购买率较高，可能是因为用户更容易接触到自己感兴趣的品牌信息，而不一定是因为品牌“粉丝”或社区成员的购买意愿更强。

同样地，品牌“粉丝”或社区成员之所以购买率高，也是因为他们本就对品牌抱有好感，因而更愿意关注和购买。但这种现象并不能证明品牌能够有效地激发对品牌本不关心的非顾客的兴趣。在第 4 章中，我将详细解释这一现象，它被称为罗瑟 · 瑞夫斯（Rosser Reeves）谬误。这一谬误几十年前就已被确定为广告效果测量领域“禁忌清单”上的首要错误。

广告效果测量领域先驱莱斯·比内（Les Binet）也提出了警告。他指出，顾客对品牌的热爱只是一种比喻性说法。如果品牌过于看重这些，并将营销预算用于与少数顾客建立深层联系上，而忽略市场渗透率，会导致品牌利润受损。[28] 实际上，品牌销售额的增长应当通过与多数人建立广泛的弱连接来实现，而不能仅仅依赖于同少数人的强连接。虽然在“粉丝”营销等方面与顾客的强连接必不可少，但非顾客是对你的品牌既不感兴趣、也不关注的一群人，他们不会在生活中想到你的品牌，也不会主动寻找自己与品牌的联系。

品牌对于非顾客而言，只是物，而非人。因此，在营销中，我们不应将非顾客视为朋友或家人。正如比内所说：“人们爱的是他们的猫，而不是你的猫粮产品。”[29]

双重危机定律与利基市场的优劣

接下来，让我们详细了解一下何为双重危机定律。市场份额小的品牌不仅顾客数量少，而且忠诚度也低。这种特性可以通过以下简化公式来表示。[30]

$$w_i(1-b_i)=w_0$$

b_i：品牌 i 的市场渗透率

w_i：品牌 i 的购买频率（忠诚度）

w_0：常数

如果对这个公式进行解算，可以得出 $w_i = w_0/(1-b_i)$。在这种情况下，对于所有品牌而言，w_0 都是一个常数（详细理由请参见附录“深入理解双重危机定律的两个模型”），这个常数是对同类别内所有品牌的平均值进行估算得出的。如果 w_0 是一个常数，那么公式右侧的变量就只有渗透率 b_i，这意味着购买频率实际上是渗透率的一个函数。此外，因为公式等号的右边是 $w_0 \times 1/(1-b_i)$，所以 b_i（渗透率）较低的品牌，随着 $1/(1-b_i)$ 变小，w_i（购买频率）会降低。相反，b_i 较高的品牌，随着 $1/(1-b_i)$ 变大，w_i 将升高。如此，就会表现出双重危机现象。[31]

这是一个简单的模型。根据有关报告，它目前仍能提供可靠的预测结果，能为营销实践带来各种启示。[32] 例如，通过分析购买频率的预测值 $w_0/(1-b_i)$ 的波动范围，我们可以评判用来提高忠诚度的措施的效果是否存在递减趋势，或者是否还有提升的空间。

如图 3–5 所示，我用 EXCEL 表格展现了埃伦伯格等人在速溶咖啡市场上观察到的双重危机现象[33]。速溶咖啡购买频率的模型预测值为平均 2.8 次，波动范围为 2.5 ～ 3.0 次。

因此，对于实际购买频率为 3 次的品牌 1、品牌 3 和品牌 4 来说，不需要再采取更多的措施来提高忠诚度了。对于购买频率接近 2.8 次的品牌，提高忠诚度的措施的效果则可能十分有限。数据显示，提高忠诚度的措施似乎只对品牌 7 和品牌 8 有效。

品牌	市场份额	渗透率b	购买频率（实测）w	$w(1-b)$	购买频率（预测）$w_0/(1-b)$
品牌1	19%	24%	3.6	2.7	3.0
品牌2	15%	21%	3.3	2.6	2.9
品牌3	14%	22%	2.8	2.2	3.0
品牌4	13%	22%	2.6	2.0	3.0
品牌5	11%	18%	2.7	2.2	2.8
品牌6	8%	13%	2.9	2.5	2.7
品牌7	4%	9%	2.0	1.8	2.5
品牌8	3%	6%	2.6	2.4	2.5
平均			2.8	2.3(w_0)	2.8

基于埃伦伯格等人（1990）的研究制作而成

通过比较实测值与预测值，判断提高忠诚度的措施的效果是否存在递减趋势

图 3-5　双重危机定律

以当前自家品牌的购买频率为已知条件，大致能够估算出提高渗透率后可能获得的市场份额。

如果知道了目标渗透率，就可以根据 CPA（顾客获取成本，cost per acquisition）制订相应的策略规划。

请看图 3-6 中的虚构品牌 6 的数据，尽管其市场份额和渗透率仅为 5%，购买频率却接近其他品牌的两倍，这一异常值导致了预测值偏高。

如果排除品牌 6 的数据，会发现购买频率的预测值与实测值基本一致。

品牌	市场份额	渗透率b	购买频率（实测）w	$w(1-b)$	购买频率（预测）$w_0/(1-b)$
品牌1	32%	41%	3.4	2.0	4.2
品牌2	21%	36%	3.2	2.0	3.9
品牌3	16%	22%	2.7	2.1	3.2
品牌4	11%	19%	2.5	2.0	3.1
品牌5	9%	12%	2.3	2.0	2.8
品牌6	5%	5%	5.9	5.6	2.6
品牌7	4%	3%	2.1	2.0	2.6
品牌8	2%	2%	2.2	2.2	2.6
平均			3.0	2.5(w_0)	3.1

（虚构数据）

尽管市场份额和渗透率仅为5%，购买频率却接近其他品牌的两倍

图 3-6　好的利基市场，还是不好的利基市场

如果 w_i（$1-b_i$）数值偏离平均值 10% 以上，品牌应深入调查造成这种偏差的原因。[34] 在解读时，我们应首先考虑这些数据是否受折扣、清库存或季节性促销等因素影响。如果排除了这些因素，又应该如何解释呢？通过比较 w_i（$1-b_i$）数值的大小，营销人员可以对自家品牌的购买特性进行评估。我们可以参考以下标准。

$w_i(1-b_i)$ 远低于平均水平（b_i 较高，w_i 较低）→品牌可能属于顾客的随性选项

$w_i(1-b_i)$ 远高于平均水平（b_i 较低，w_i 较高）→可能是利基品牌

根据这一标准，有人可能会认为："品牌 6 没有受到双重危机定律的影响，成功确立了利基地位，这是'粉丝'热情的证明！"然而，实际上利基市场也有优劣之分。

良好的利基＝有"粉丝"且市场扩展潜力大

如果品牌的认知率和配货率较低，但购买频率超过理论值，这就表明品牌处于一个有潜力的利基市场中。这类品牌可能并不广为人知，或者说即便人们知道它，也可能因为周边没有销售点而无法买到。但是，使用过该品牌产品的人往往会重复购买，这就显示出品牌具有强大的诉求力。通过加强广告宣传和优化产品流通渠道来吸引更多轻度用户、提高市场渗透率，品牌可以增加市场份额和销售额，这便是"良好的利基"。在这种情况下，遵循本书前述的"P → T → S"模式，深入调研品牌所吸引的顾客群体，理解品牌为顾客看重的价值点，并将其融入产品和广告策略中，通常就会取得良好成效。

不好的利基＝把品牌推到了市场角落，却误以为这就是利基市场

相反，不好的利基品牌是指那些认知率和配货率与竞争对手相

当，但渗透率低、购买频率高的品牌。在这种情况下，尽管品牌已广为人知且顾客容易买到，却只有少数重度用户在重复购买，大多数非顾客对品牌并不感兴趣。不少人错误地认为这样的品牌就已经处于利基市场中了，但从市场拓展和业务增长的角度来看，这样的市场定位实际上预示着品牌增长潜力有限，前景并不乐观。

我来解释一下产生这一结果的原因。根据负二项分布模型，扩大市场份额和提高销售额的关键在于提高渗透率。然而，如果一个品牌已广为人知且顾客容易买到，但大多数人并不感兴趣，这就意味着除了重度用户，大多数人认为该品牌与自己无关。不是因为人们不了解品牌而不感兴趣，而是他们知道该品牌却依旧不感兴趣。在这样的情况下，我们就要从“非购买群体为何不购买”的角度来思考问题。营销人员已经在产品信息和广告中体现了品牌价值，但对非购买群体而言，这些价值并没有吸引力。

一些品牌不会为了吸引新顾客而投入成本，只是专注于针对现有顾客群体的忠诚度计划、互动策略以期留住顾客。这样的品牌就会陷入“不好的利基”状态。品牌看到现有方法仅对某些顾客有效，就错误地认为只有热情的“粉丝”才会响应自己的宣传。如此一来，这些品牌就会继续向少数群体传达只对他们有效的理念和信息，从而在品牌与市场上的大多数顾客之间筑起高墙。

有人可能认为，通过提高顾客的忠诚度和增加“粉丝”的购买频率就能实现品牌增长。然而，即便是利基品牌，也不能仅靠提高忠诚度来实现增长。顾客忠诚度在不同类别的市场中都有上限，因此，提高渗透率才是关键（参见附录“深入理解双重危机定律的两个模型”）。不过，正如前文所述，如果占据市场大片江山的轻度用户都认为某个品牌不适合自己，并且该品牌已经确立了只被某些顾客接受的定位，那么想要提高渗透率就会变得很困难。例如，日本环球影城（USJ）可能就面临这样的状况。USJ受到了电影爱好者的喜爱，但对于家庭顾客群体来说却不够吸引人。即便如此，USJ 还以为自己已经建立了一个独特的市场定位而沾沾自喜。[35]

除非品牌拥有非常出色的营销团队，否则一旦陷入这种状态，就很难重新定位品牌。因为管理层往往不愿意承担失去现有顾客的风险。因此，他们可能会选择扩展现有产品线或开发其他主力产品。此外，“P → T → S”模式在此情况下也可能不再有效。无论如何，对品牌而言，最重要的是准确判断自己处于良好的利基市场，还是在无意中陷入了不好的利基市场，如果是后者，则需尽早采取相应的措施。

如果结果没有异常，方法就是正确的吗

我们常常会陷入这样一种思维误区，认为“如果结果没有异常，那么自己采用的方法就是正确的”。请看看下面营销人员的想法：

“我们实施 CRM 和‘粉丝’营销已经有一段时间了。虽然销售额没有显著增加，但也没有减少。果然，这类策略需要长期坚持才能看到效果。无论如何，重视顾客总归有益无害！”

除非遇到特别严重的情况，否则执行忠诚度计划或针对“粉丝”的策略一般不会导致销售额急剧下降。在结果没有极端异常的情况下，人们往往倾向于以各种方式进行解释。即使结果不如预期，但只要表面上看没有异常，人们通常就不会质疑过程。这种心理现象被称为“常态谷”[36]①。

尤其在广告效果等方面，人们表面上似乎只关注结果，但实际上的判断标准是包含过程和结果在内的整体故事的说服力。因此，只要故事整体合理，过程通常不会受到质疑。例如，没有人会因为做完晴天娃娃的第二天下雨了，就说再也不做晴天娃娃了。同样，在主流营销实践中，往往不是因为品牌的营销策略有效才继续执行下去，而是因为还没有出现负面结果，比如销售额严重下滑，营销策略才没有变更。

然而，为了积极吸引新顾客，拓展商机，实现业务增长，我们要采取不同的营销策略。在下一章，我将带着本章提出的问题详细解释“理解非顾客的 5 大原则”，告诉大家如何为非顾客设计营销策略。

从 0 到 1 的新获客案例

过于相信顾客忠诚度的营销人员

新百伦（New Balance）股份有限公司日本总公司铃木健

正如拜伦·夏普所宣称的“终结忠诚度神话”，至今

① 常态谷理论在丹尼尔·卡尼曼的《噪声》一书中有详细阐述。卡尼曼是诺贝尔经济学奖得主、行为经济学之父。他的《噪声》简体中文版由湛庐引进，浙江教育出版社出版。——编者注

确实仍有许多营销人员执着于追求顾客忠诚度。这种追求背后的原因之一，就是在数字化时代，收集顾客信息变得更加容易了，通过数字手段就可以清晰地了解用户画像。

数字营销中的一对一营销和个性化定制，实现了传统大众营销难以企及的个性化顾客沟通。这一优势增强了营销人员对数字营销的依赖度，也使他们产生了一种幻想，以为通过数字渠道可以控制顾客的行为忠诚度。确实，拜伦·夏普也指出了另一点，那就是在线上渠道，由于购买便利性差异不大，顾客忠诚度会表现得更高。在线上交易中，忠诚度高的顾客的确更容易被注意到，其价值也更加显著，这是不可否认的事实。

然而，别忘了竞争品牌也处于相同的条件下。购买便利性差异不大，意味着无论是线上还是线下，品牌的心智显著性①都会产生影响。从美国 D2C 品牌②纷纷开设实体门店的趋势可以看出，为了提升业绩，在线上取得成功的品牌最终都会在线下与顾客建立联系。

尽管数字技术能够实现用户画像可视化，但顾客的购买行为本身并不会因此而改变。当前，营销人员对顾客忠诚度的迷信与对技术的盲目崇拜有相似之处。顾客忠诚度

---

① 心智显著性（mental availability），由营销专家拜伦·夏普提出，指一个品牌在消费者需要某类产品时被主动想起的能力。心智显著性越高，越说明消费者能够更快地想到品牌。——编者注

② D2C 品牌指直接面向消费者的品牌，产品靠自行研发，没有经销商或中间平台。——编者注

再高，也并不意味着技术能够改变顾客的购买行为。真正能够改变顾客购买行为的做法是提供符合顾客需求的商品或服务，并配以便捷的购买渠道。

第4章

将“非顾客”变为“新顾客”的5大原则

对单个顾客的深入理解，
是为了发现新的机会
并重新审视品牌，
以瞄准更大的新市场。

在上一章中，我们通过比较当前主流的STP战略和品牌忠诚度，阐释了理解非顾客所需的视角，并指出了营销中的一些常见误区。总的来说，品牌销售额增长的关键在于提高市场渗透率、增加品牌营销机会和吸引轻度用户。早在几十年前，相关研究就已证实了这一观点。然而，在实际操作中，这一建议似乎并未得到有效执行。从营销人员的角度来看，问题主要表现在以下两个方面。

问题1：虽然这一建议理论上可行，但在日本可能并不适用。鉴于日本正面临人口减少和市场萎缩的挑战，提高品牌的市场渗透率变得尤为困难，因此我们需要专注于维护现有的顾客群体。

问题2：既然已经明确了问题所在，我们期望得到详尽的解决方案。具体来说，我们希望了解如何吸引新顾客、增加产品的营销机会，并希望获得一些可操作的建议。

对于问题 1，我们需要思考，市场萎缩难道就意味着无法提高市场渗透率了吗？这种观点可能基于这样一种观念，那就是认为“人口减少，就很难再吸引新顾客”。在寡头市场中，某些品牌的渗透率可能已达极限，但对于大多数商业公司而言，即便在相同品类内从未使用过任何品牌的新顾客较少，但仍有机会从竞争对手那里争取到顾客。而且，市场竞争激烈的成熟市场并非日本独有，其他发达国家同样面临着类似情况。即便在人口增长的背景下，与竞争对手争夺客户也是不可避免的现实。

不是因为提高市场渗透率更容易，所以才应该提高市场渗透率，而是因为依赖忠诚度的提升来实现业务增长的模式存在局限，所以应当提高市场渗透率。即使将所有资源都投在维持现有顾客上，也无法完全避免顾客流失。因此，我们需要通过提高现有顾客的忠诚度（购买次数），来弥补因顾客流失而造成的损失，以维持收支平衡。然而，正如前一章所述，即便是“粉丝”也不可能无尽地增加购买次数。顾客流失也遵循着双重危机定律。对于小品牌来说，顾客流失对销售的影响尤为严重，这将导致公司更早面临破产风险。

围绕问题 2，我想在本书中提出一个新的切入点：“我们是否能够同时吸引新顾客和维护现有顾客？”我们可以将销售额做如下分解。

销售额＝营销机会数 × 在各营销机会中顾客的购买次数 × 单价

在非顾客的生活情境中创造尽可能多的品牌购买机会（营销机会），在各种生活场景和时机中促使他们购买，这就是之前说的接触点[1]。现有顾客因不同目的再次购买商品，购买次数就会增加。非顾客因不同的契机购买商品，顾客数量就会增加。这表明忠诚度和渗透率并不冲突。

有研究通过分析社交媒体和咖啡市场，发现大品牌与小品牌在接触点数量上存在显著差异。[2]大品牌因为拥有更多接触点而具有更高的市场渗透率，而小品牌则因接触点较少，渗透率也较低。更多的接触点意味着能为非顾客提供更多的品牌接触机会，从而增加品牌被顾客选择的可能性。此外，如果接触点与品牌结合得越紧密，那么品牌被选择的概率也越高。

因此，**小品牌应该专注于一项核心策略，那就是增加接触点的数量，将品牌与更多的生活情境联系起来**（见图 4-1）。

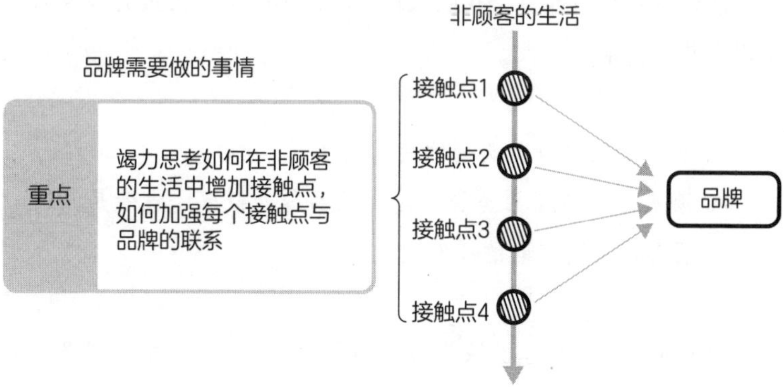

图 4-1　增加与品牌连接的接触点数量

实际上，数学分析同样支持这一结论。接下来的内容包含一些数学公式，这些公式正是连接理科思维与文科思维的桥梁，它们为我们提供了实际工作（具体措施）中所需的视角。

第 3 章介绍的双重危机定律及上述接触点的概念，其理论基础皆源自狄利克雷模型。这一统计模型由营销科学家杰拉德·古德哈特（Gerald Goodhardt）[3] 等人开发而成，历史悠久，已在许多国家和商品中广泛应用。狄利克雷模型将“购买频率”和“品牌选择”这两个不同的购买行为体现在一个公式中，实现了从多个角度对消费者行为的预测。狄利克雷模型的计算方法为下述公式（1）乘以公式（2）。读者可以暂时忽略公式中的符号等（感兴趣的读者可参见附录）。

$$\int \text{Poisson}\,(R\,|\,\mu T)\ \text{Gamma}\left(\mu\,|\,K,\frac{M}{K}\right)\,\mathrm{d}\mu \tag{1}$$

$$\int \text{Multinomial}\,(r\,|\,p,R)\ \text{Dirichlet}\,(p\,|\,\alpha)\,\mathrm{d}p \tag{2}$$

通过狄利克雷模型，我们大致可以得出品牌销售量的多少取决于以下两个因素：

1. 该品牌所属商品类别的使用频率；
2. 消费者在该商品类别中选择该品牌的概率（也就是是否会成为购买时的备选项）。

这表示消费者的购买决策分为两个阶段。在某个生活情境（生活场景或时机）中产生某种需求时，包括现有顾客和非顾客在内的所有消费者实际上进行了两次掷骰子的选择：

第 1 次：决定使用哪种类别的商品；

第 2 次：选择哪个品牌。

换句话说，一个品牌要想被消费者购买，必须在特定的生活情境中满足以下两个条件：

第 1 阶段：自家品牌所属的商品类别被消费者选择；

第 2 阶段：自家品牌被消费者选中。

由此可见，要增加非顾客的购买率，关键在于两个方面，也就是“提升品牌所属商品类别的选择频率”（接触点的数量）和“提高消费者选择自家品牌的概率”（接触点与品牌的关联度）。这就与之前的结论一致了：品牌营销策略要超越传统的 STP 模式，不应忽视消费者数量，只专注于满足特定人群的特定需求，而是要将品牌与各种生活情境紧密结合，增加品牌在整个市场中的曝光度和营销机会。

因此，吸引非顾客可以说是一个将非顾客的生活情境与商品类别、品牌相结合的游戏。

图 4-2 展示了如何将理解非顾客的流程应用于本章内容。首先，我们为什么需要理解非顾客（WHY)？这是因为如果不吸引非顾客，品牌便无法成长。那么，为了吸引非顾客，我们应该做什么（WHAT)？应当增加与品牌相关的接触点，提高品牌被顾客选择的概率。接下来，我们要怎么做才能深入理解非顾客（HOW)？这正是本章要探讨的内容。

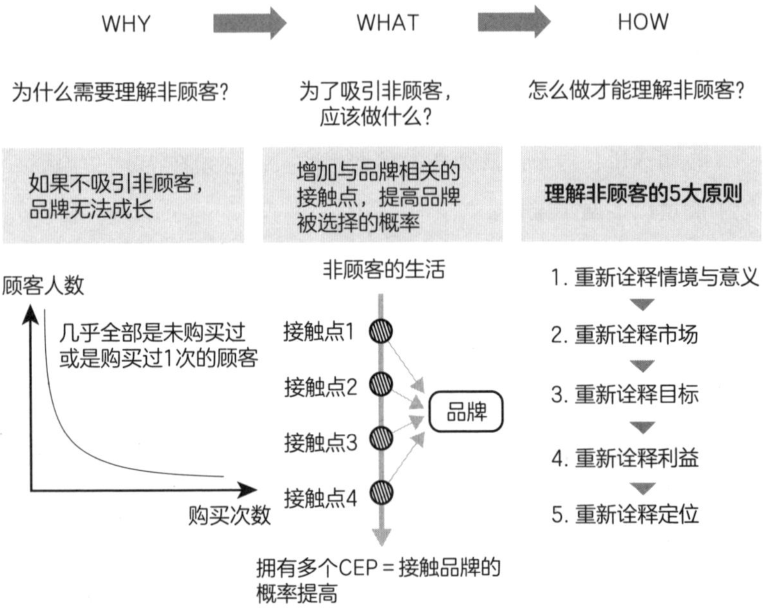

图 4-2　理解非顾客的过程

接下来，我们将从理科的逻辑分析转向文科的思维。在探讨“如何理解作为购买契机（接触点）的生活情境”这一主题时，心理学和文化人类学可以提供宝贵的视角。

本章将运用这些领域的知识，识别接触点的潜在选项，理解相关生活情境，并介绍将接触点与品牌结合的策略框架，即“理解非顾客的 5 大原则”（见图 4-3），包括：

原则 1：情境改变，意义则改变；意义改变，价值则改变；

原则 2：把非顾客作为洞察市场的“镜头”，不断创造“品牌新入口”；

原则 3：从非顾客行为背后的欲望、抑制和回报中理解其合理性；

原则 4：“品牌特点”×“顾客回报”＝最符合情境的利益；

原则 5：专注于提高商品接触频率，而非仅仅关注销售方式。

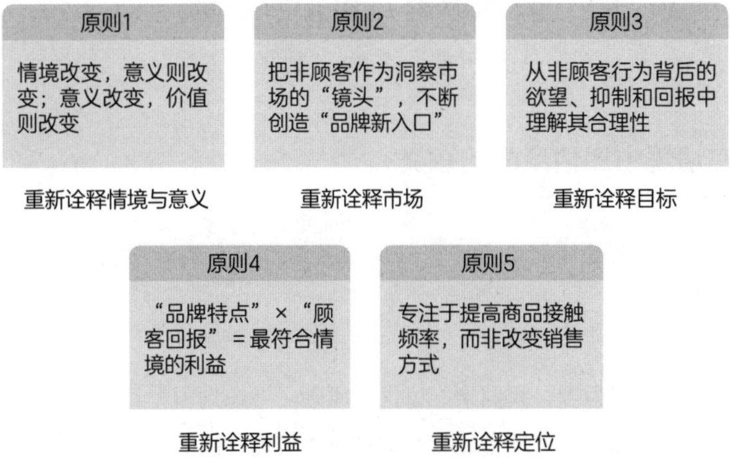

图 4-3　理解非顾客的 5 大原则

通过遵循“理解非顾客的 5 大原则”，我们可以深入探究接触点对应的生活情境，明确广告应传达什么内容，产品应提供什么体验，进而制定出具体的策略措施，来使非顾客对自家品牌感兴趣。换言之，这 5 个原则是将品牌价值转化为顾客价值的关键。第 2 章中关于芝士蛋糕的重新诠释，正是遵循了这些原则。

虽然目前这些原则看上去还不够清晰，但请放心，本章将通过许多图表详细解释每一个原则。

阅读完本章后，你将对这些原则有更深刻的理解。此外，本章最后还将介绍如何定量评估所制定措施的有效性。

原则 1：情境改变，意义则改变；意义改变，价值则改变

——理解非顾客的“视角和态度”

在情境中评估产品的意义

我们需要了解的是，产品或服务的价值会随着情境的不同而变化。

以汽车为例，我们来探讨这一原则。考虑到租车和汽车共享服务的便利性，加上停车和汽车维护成本较高，因此，在学生所处的情境下，拥有汽车的价值并不显著，购买汽车的学生也较少。然而，当人们步入职场、成家立业并育有子女时，汽车不仅为家庭出行提供了便利，也使得日常购物变得更加轻松。因此，随着生活情境的变化，拥有汽车这件事变得更有价值。由此可见，产品一旦被置于某种生活情境中，人们就会在该情境中评估产品的意义。

所以说，要激发非顾客的兴趣，关键在于改变情境和意义。下面的例子可以清晰地证明这一点。

2016年，旧金山现代艺术博物馆发生了一件趣事。在博物馆的一个角落，一副看似普通的眼镜被随意放置在地板上，却意外地吸引了众多参观者的目光。人们纷纷驻足，有的拍照留念，有的跪地沉思，试图解读这副眼镜背后的“艺术”意义。

事实上，这副眼镜并无特殊之处，它只是一名十几岁的少年在与朋友一同参观博物馆时，为了验证一个想法而进行的“实验”。他怀疑其他参观者是否真的对展出的作品感到震撼，于是决定将一副普通眼镜放置在地板上，观察其他参观者的反应。这件事当时很快在社交媒体和网络上引发了热议，所以现在的许多人对此记忆犹新。

再举一个例子。你听说过“宠物石”吗？20世纪70年代，曾掀起过一阵将石头当作宠物养的潮流。尽管这股潮流仅持续了半年，但其开创者却在短时间内获取了巨额财富。这些所谓的“宠物石”，本质上只是形状规整的普通石头，却有许多人愿意为之付费。

正如博物馆的情境将普通眼镜转化为“艺术品”一样，“宠物石”这一标签也赋予了普通石头特殊的意义，而这些意义的根源正是情境的力量。

眼镜在博物馆中被当作“艺术品”，是因为它所处的情境让人们相信它一定具有某种艺术价值，从而激发了人们的兴趣。同样，宠物石之所以吸引人，也是因为它附带了一系列类似宠物饲养的小物件，如饲养手册、血统证书和携带箱，这些都是情境设置的一部分。处于这种情境中的宠物石犹如一只无须照顾或喂养的宠物，它能给人的心灵带来安慰和宁静，使得一些人认为它具有价值。

虽然这些例子比较极端，但它们展示了情境如何改变事物的意义。一旦意义发生变化，普通的石头也能有价值，普通的眼镜也能被视作艺术品。

商品只有一个，但切入方式无限

眼镜和石头的例子表明，通过改变“品牌的切入方式”，可以展现品牌的不同价值，从而激发更多人的兴趣。这意味着兴趣和关注点是可以创造出来的。关键在于思考切入品牌的哪些角度，以及如何有效地传达其独特之处。

商品只有一个，但品牌的切入方式多种多样。以感冒药为例，其首要价值在于缓解症状，如发热和咽喉痛。在感冒的情境下，突出其含有的“多种有效成分”至关重要，这样就能展示其具有缓解多种症状的效果。

那在消费者没有感冒的时候怎么办呢？难道感冒药就没有价值了吗？当然不是。在“家人容易生病”或“干燥季节来临”的情境下，感冒药提供了一种“以备不时之需”的安心感，具有作为预防措施的价值。

这种安心感虽然基于其药物成分，但价值的切入方式变了，其更强调的是“常备在家中，感冒时立即使用”的便利性。

因此，为顾客的特定情境选择最佳的品牌切入角度至关重要。如果切入方式不当，本应对顾客有价值的商品也可能无法激发他们的兴趣。这里可以类比为“钥匙与锁孔”的关系：只有钥匙与锁孔的形状匹配，才能打开门。

在营销中，我们常说“信息打动了人”或“概念没有打动人”，这实际上是在说，**顾客的情境是“锁孔”，而品牌利益的切入方式是“钥匙”**。

只有当“钥匙”与“锁孔”形状相匹配，价值才能得以体现，顾客的心门才会被打开，产品或服务才能成功销售出去。然而，情境的变化可能会改变“锁孔”的形状，导致原有的“钥匙”不再适用，从而无法打开顾客的心门（如图 4–4）。

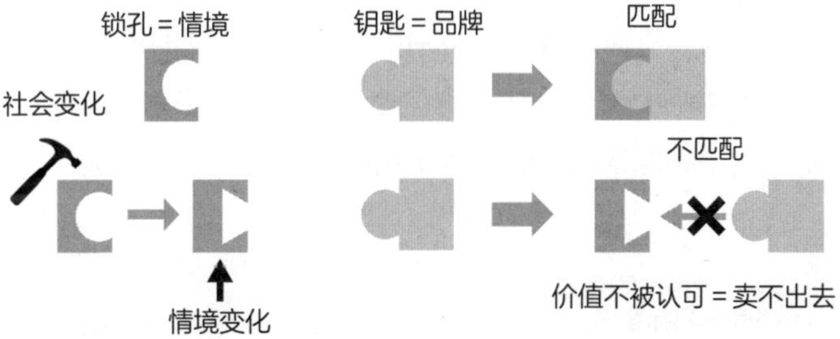

图 4-4 品牌切入方式

社会发生巨大的变化，如新冠疫情，会极大地改变锁孔的形状。正如第 3 章所述，顾客日常待解决的任务、不同的情境和在其中扮演的角色（人格面具）同样会改变锁孔的形状。因此，找到最适合顾客当前情境的接触点，根据情境重新诠释品牌显得尤为重要。

那么，非顾客的情境应该如何把握呢？我将在原则 2 中进行说明。

原则 2：把非顾客作为洞察市场的“镜头”，不断创造“品牌新入口”

——以非顾客为中心的“新市场寻找方法”

“理解顾客所处的情境”“改变品牌切入方式”等策略，更像是讨论广告方案时常提及的话题。但在本书中，这不仅是改变宣传语这种表层的问题，而是找到可以产生接触点的深层话题。

你的品牌市场在哪里？这个市场具体是怎样的？竞争对手是谁？市场上面对的顾客是谁？许多营销人员习惯性地将市场等同于商品类别，他们通常基于自家公司所属的行业类别或品牌的商品类别，结合顾客的年龄、性别，商品价格区间等细分特征，来形成市场认知。营销人员通常将商品类别中具有典型特征的消费者视为目标顾客。但本书关注的是非顾客，也就是不符合营销人员设想的，不具备“典型顾客特征”的群体（见图 4-5 的阴影部分）。

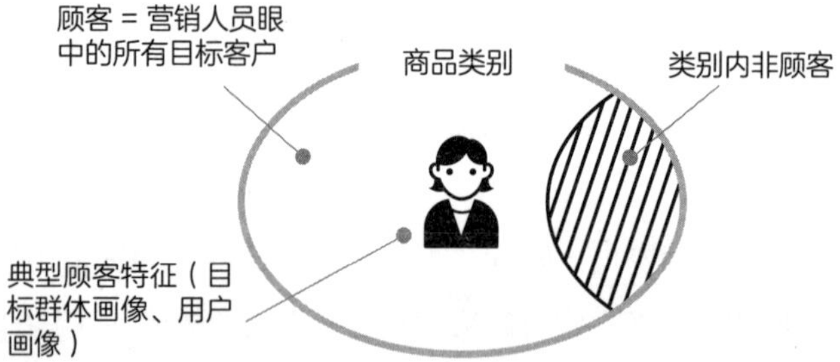

重点	营销人员习惯性地将市场等同于商品类别，即按照产品和服务的类别划分市场，将类别内具有典型顾客特征的消费者当作目标

图 4-5　改变市场认知模式①

我们可以这样假设：目前识别出的非顾客可能仅仅是图 4-6 所示的“其他市场”的一部分。也就是说，从更宽泛的角度上看，这些非顾客实际上可能属于一个更庞大的市场群体。我们通常会根据目前的商品类别和人口统计特征（如性别、年龄）来划定市场，从而确定非顾客。但如果我们采用更宽泛的市场定义，原来的非顾客就有可能转变为实际顾客。

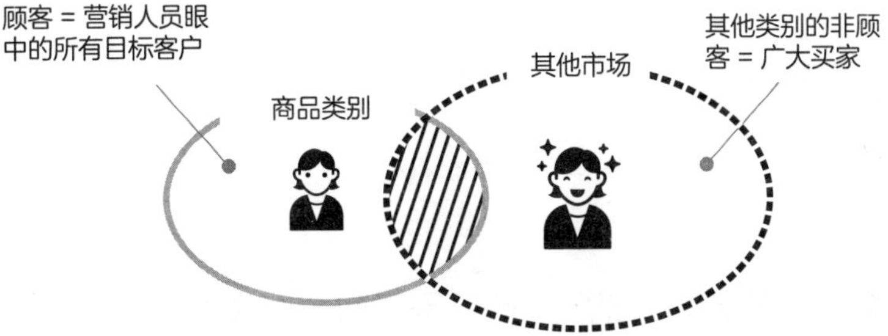

重点	假设右侧的椭圆代表“其他市场”，我们可以尝试采用如下视角解读这幅图：“自家品牌是另一个更大市场的一部分”“类别内的非顾客不过是其他类别更广泛市场的一部分”

图 4-6　改变市场认知模式②

例如，土屋哲雄先生在其著作《Workman 式“不费心经营”：开拓 4 000 亿日元空白市场的秘密》中阐述了 Workman 公司近年来成功的秘诀——运用自身优势，重新定义市场（见图 4-7）。Workman 原本致力于为建筑和施工现场的技术工人提供高性价比的工作服。通过改变视角，该公司意识到工作服的功能同样适用于日常生活，从而开发了“低价功能服”这一蓝海市场。[4]

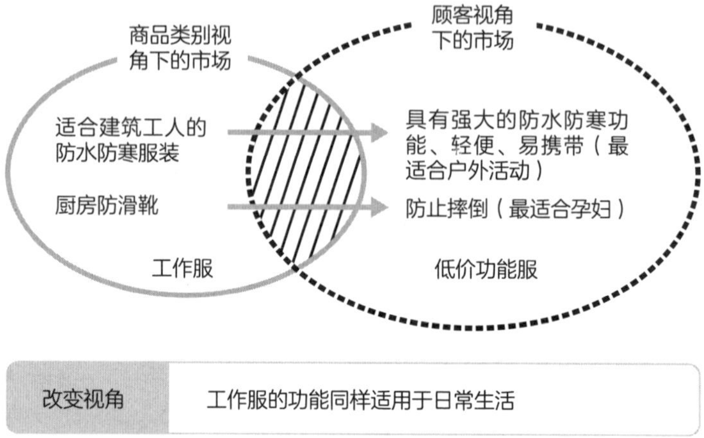

图 4-7　改变市场认知模式

机会是“捕捉出来的”，市场是“创造出来的”

让我们暂时抛开传统的市场定义。非顾客就像“镜头”或“望远镜”，帮助我们从现有市场中捕捉开拓新市场的机会（见图 4-8）。而开拓新市场的关键在于关注品牌与消费者生活的接触点，观察那里发生了什么。当前的消费趋势表明，即使是同一品牌，消费者也可能因不同的使用目的而购买，这反映了使用情境的多样化。虽然在数据上表现为相同的购买行为，但购买的目的和使用方式呈现出多样性。多样的情境变化正是形成新市场的基础。我们必须认识到，市场并非自然而然形成的，市场是由营销人员基于情境创造出来的。接触点也是如此，营销人员需要敏锐地捕捉市场动态，从中探索出开拓新市场的机会。

重点　暂时抛开传统的市场定义

图 4-8　通过非顾客捕捉开拓新市场的机会

例如，近年来的洗发水市场开始强调情感层面的意义了——“展现个人内在美”“丰富家庭沐浴时光”。然而，洗发水最初的卖点并不在于提供情绪价值。随着经济高速发展，洗发水才逐渐成为日常用品。在此之前，人们没有日常清洗头发的习惯，因此，营销人员的首要任务是普及洗头发的意义。他们通过广告宣传语吸引消费者，如“每周一次的洗头时间”“用洗发水代替肥皂”等，由此逐步打造出了“洗发”市场。

进入 20 世纪六七十年代，随着家庭浴室的普及，洗发水逐渐走进了千家万户。当时人们每周洗头 2 ～ 3 次，使用洗发水的主要目的在于去屑、止痒、防异味，因此洗发水的清洁功效在市场中占据核心地位。到了 20 世纪 80 年代，除了清洁头发与头皮，大众开始追求“美丽秀发”，于是洗发水被赋予了新的意义，比如护发、展示美丽的形象等。20 世纪 90 年代，随着染发和烫发的流行，洗发水在洗发的基础上，又添加了采用天然成分、修复受损发质的新意义。进入 21 世纪后，洗发水市场进一步细化，随之又出现了头皮护理、改善发质、富含植物成分等特点的多个市场分类。

就这样，由于产品的意义和标签（名称）顺应了消费者的生活情境，从而吸引了消费者购买商品，形成了市场。由此可见，市场是社会环境、大众生活与企业附加意义三方面相互作用的结果（见图 4-9）。

诚然，洗发水市场演变的背后存在着巨大的社会变革，可能难以简单复制，但通过理解生活情境和重新诠释品牌，我们仍然可以发现许多能够赋予新意义的“潜在接触点”。此外，企业通过开发新功能或新成分也可能进入竞争对手尚未涉足的市场或生活情境。

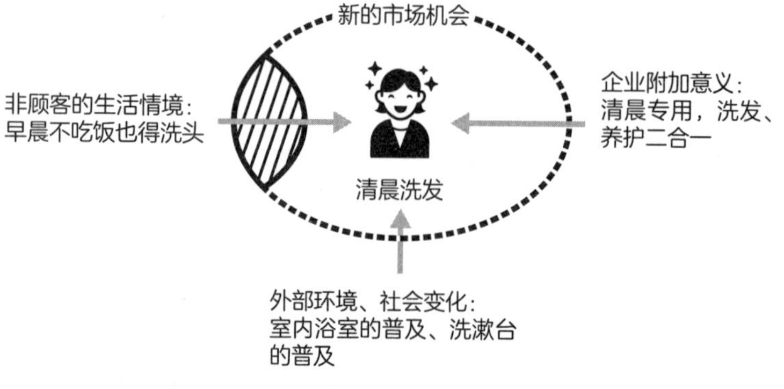

图 4-9　社会环境、大众生活与企业附加意义三方面的相互作用

吸引新顾客和扩大市场的本质在于“争夺意义”和“创建生活情境”。广告具备宣传产品新成分和新功能的作用，但广告也存在优劣之分。优秀的广告会考虑到产品功能在消费者生活中的意义，能够有效地传达出产品的价值。而效果不佳的广告无法将产品功能

与消费者生活中的实际意义联系起来，即使宣传了产品的新功能，也无法更新使用品牌的意义，因此无法激发消费者的兴趣和购买欲，甚至无法给消费者留下印象，自然无法增加接触点。

捕捉新市场机会的3个关键技巧

从这个角度来看，为了吸引非顾客，商家通过电视广告和社交媒体等营销手段扩大宣传固然重要，然而找到品牌与顾客生活的接触点同样重要。营销人员往往将顾客置于商业范畴之中，思考如何向其销售商品和服务。可是，顾客是将品牌置于生活范畴来考虑的。

营销人员的目标是促使顾客购买，而顾客的目标是完善自我、改善生活，品牌仅是实现这一目标的工具而已。因此，将购买和使用品牌产品的行为视为顾客生活的一部分，以人为主体去捕捉顾客在有关情境下的目标，这是理解品牌与顾客生活的连接点，从而创造接触点的第一步。

如何理解与顾客产生连接的生活情境并提出新的接触点假设？接下来，我将介绍3种方法：

1. 通过现有用途寻找新的接触点；
2. 通过利益竞争者寻找新的接触点；
3. 通过非顾客行为寻找新的接触点。

无论营销人员采用哪种方法，寻找新接触点的关键都在于以下两点：理解品牌在何种生活情境下会被顾客使用，了解顾客是为了实现什么目标才会使用品牌（见图 4-10）。

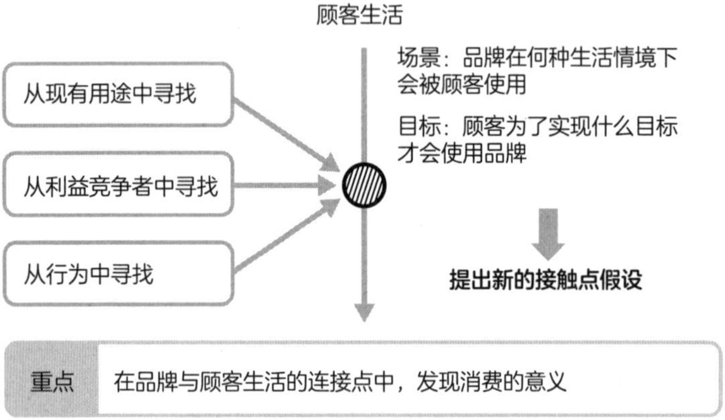

图 4-10　通过理解非顾客的生活情境提出新的接触点假设

通过现有用途寻找新的接触点

最常用的方法是从自家产品的用途出发，追本溯源，推断出自家产品被顾客使用的情境可能是怎样的。在这些情境下，那些偶尔购买或想到才会购买的轻度用户，通常会基于哪种用途购买产品呢？

以第 2 章提到的芝士蛋糕为例，假设它常被顾客当作工作间隙的零食，那么，这种用途提供的价值是什么呢？换言之，顾客吃零食的目的是什么？可能是为了暂时缓解饥饿。接下来，我们要思考在其他的哪些生活场景中，顾客会有类似的缓解饥饿的需求。例如，“忙于上班而用零食代替早餐”或“在上下班途中快速补充能量”。在这些场景中，目前市场上的竞品有哪些？可能是果冻、饮料。这些竞品的存在表明，零食在这些场景中有市场需求。因此，我们可以得到如下接触点假设。

从现有用途中推导出芝士蛋糕的接触点

- **现有用途：工作间隙的零食**
- **目标：暂时缓解饥饿**
- **场景：工作日早上因时间紧张而用它代替早餐，在上下班途中快速补充能量**
- **竞品：果冻、饮料**

通过利益竞争者寻找新的接触点

如果品牌的轻度用户不太会选择我们的品牌，往往会使用其他品牌的商品或服务，那么我们可以通过分析利益竞争者，发现开拓新市场的机会。这种方法的核心在于，重新审视自家产品所属类别，思考在相同类别和价值层面上，消费者会在什么样的生活情境中选择使用其他类别的产品。例如，酸奶消费者大多是注重健康的人群。尽管市面上酸奶种类繁多，但对于消费者来说，酸奶的核心价值在于“通过日常持续饮用，促进身体健康”。那么，注重健康的人只能通过喝酸奶来保持健康吗？当然不是。他们还会选择哪些替代品呢？我们列举了以下选项。

酸奶的利益竞争者

- **发酵食品**
- **高纤维食品**
- **轻度运动**
- **健身房运动**
- **瑜伽、拉伸**
- **提高睡眠质量的补充剂**
- **用来保持规律生活的智能手表**
- **正念冥想**

在价值层面上，能够替代自家产品的其他类别的商品或服务被称为“利益竞争者”。通常人们提到竞争对手，只会想到同类产品。但实际上，与你争夺顾客钱包的可能是其他类别的产品。这些利益竞争者有助于我们发现新的接触点。对于注重健康的人来说，酸奶的确有价值，但从促进身体健康的层面来看，上述列举的商品或服务同样具有价值。因此，消费者在使用利益竞争者产品的情境中，也有可能选择酸奶。

所以，我们可以通过具有相同价值的利益竞争者来发现新的市场机会。以芝士蛋糕为例，它不仅可以在人们工作时用来缓解饥饿，还可以用于快速补充糖分。在这种情况下，芝士蛋糕的利益竞争者可能是糖果。那么，在哪些情境下，人们需要使用糖果快速补充能量呢？例如，在进行登山或骑行等耐力运动时，糖果作为一种便携的能量来源就非常合适。由此，我们可以找到以下市场机会。

通过利益竞争者推导出芝士蛋糕的接触点

- **利益竞争者：糖果**
- **目标：快速补充糖分**
- **场景：登山或骑行等耐力运动中的便携能量补给**
- **竞品：巧克力、饼干**

通过非顾客行为寻找新的接触点

非顾客不仅包括非用户或轻度用户，还有那些以非传统方式使用产品的少数用户。事实上，关注这些少数用户有时也能帮助我们发现新的接触点。以矿泉水为例，它的基本功能是补充水分。但是，当我们观察在炎热天气下跑步的人、休息时的运动员、工地上的工人时，会发现他们也用矿泉水淋浴或降温，如“直接把矿泉水浇到头顶上”或“用矿泉水浸湿毛巾，再用湿毛巾包裹头部、颈部”。这类用途揭示了矿泉水的潜在市场：利用水蒸发降温，能使人直接感受到凉爽的产品市场。

如果局限于传统的用户画像，可能难以发现这些独特的商品使用方式。然而，专注于非常规的商品使用场景或使用方式，有助于我们开拓新的市场。非顾客行为有时也会令营销人员感到惊讶，让他们发出“为什么会这样”的疑问。尽管这些行为看似不合常理，但它们实际上是探索新市场的重要线索。

关注非顾客（少数用户）行为的案例

- **不合理或矛盾行为：营销人员难以解释或认为不合逻辑的行为**
- **意想不到的使用方式：在营销人员预期之外的用途或使用场景**
- **个性化的行为：顾客通过创造性思维或替代品解决问题，而不采用专用产品或服务**
- **极端购买行为：在消费金额、人数、购买量、频率、时间等方面表现出极端的行为**
- **特定时间或季节性行为：集中在特定时间或季节的行为**
- **重复行为：在相同条件下，如特定时间或地点，顾客反复表现出的行为**
- **群体归属感：顾客表现出对某种文化或群体的强烈归属感，遵循该群体的价值观或行为规则**

例如，在第 2 章提到的芝士蛋糕案例中，男士认为白天不宜吃甜食，但晚上可以吃。实际上，无论是白天还是晚上吃甜食，糖分的摄入量是相同的。而且，白天吃的话，热量可以通过工作或运动消耗掉，但晚上吃完只能睡觉。所以从摄入热量的角度来看，顾客的行为似乎不合理。

这可能是因为在白天和晚上不同的情境中，顾客对甜食的需求不同。在晚上，吃甜食可能被顾客视为结束一天的完美方式。因此，我们可以识别出以下接触点。

通过非顾客行为推导出的芝士蛋糕的接触点

- **行为：白天不宜吃甜食，但晚上可以吃**
- **需求：为一天画上完美的句号**
- **场景：晚上下班回家时（夜间情境）**
- **竞品：葡萄酒、冰激凌**

那么，在应用这三种方法时，我们应如何选择？如果产品的功能或成分已经明确，可以采用方法 1（从现有用途中寻找）。若市场已饱和或者你希望从零开始探索市场，则可以采用方法 2（从利益竞争者中寻找）。在预算有限、难以进行顾客调研的情况下，我们可以同时使用以上两种方法。如果资源允许，能够进行顾客访谈或行为观察，方法 3（从行为中寻找）将是一个很好的切入点。

企业不应局限于自身的合理性而放弃挖掘新市场的潜力

通过关注品牌与顾客生活的接触点，我们能够发现一些开拓新市场的机会，但这样的市场真的能被开发出来吗？以芝士蛋糕为例，它能成为耐力运动的便携食品吗？从直觉上看，芝士蛋糕质地过于柔软，可能与运动情境格格不入，但由于它能提供能量，这一点又与运动需求相匹配。那么，是开发质地较硬的芝士蛋糕还是推出芝士蛋糕口味的饼干或能量棒呢？……这些都是要进一步探索的不确定因素。

轻易否定“运动中吃芝士蛋糕”的想法可能很符合企业的常规思维。然而，历史上有许多起初被认为难以销售的产品或服务，最终却在市场上取得了成功。问题的关键在于，企业眼中的合理性不是评判的标准，我们应该从“顾客的合理性”角度出发，去发现和评估市场机会（见图 4-11）。关于这一点，我将在原则 3 中进行更深入的探讨。

接触点1的假设

用途：工作间隙的零食
目标：暂时缓解饥饿
场景：工作日早上因时间紧张而用它代替早餐，在上下班途中快速补充能量
竞品：果冻、饮料

接触点2的假设

利益竞争者：糖果
目标：快速补充糖分
场景：登山或骑行等耐力运动中的便携能量补给
竞品：巧克力、饼干

接触点3的假设

行为：白天不宜吃甜食，但晚上可以吃
目标：为一天画上完美的句号
场景：晚上下班回家时（夜间情境）
竞品：葡萄酒、冰激凌

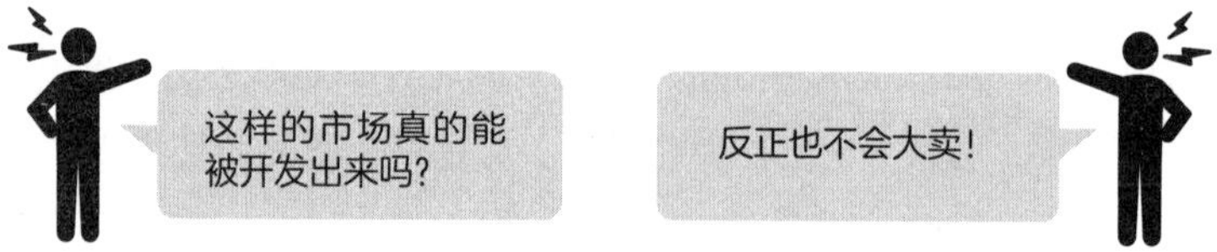

图 4-11　考虑顾客的合理性，而非企业的合理性

原则 3：从非顾客行为背后的欲望、抑制和回报中理解其合理性

——非顾客的“倾听方式”和“观察方法”

非顾客就是对品牌不感兴趣的人。即使营销人员尝试询问他们的具体需求是什么，或者怎样的情况下他们才会购买商品，他们自

身其实也没有明确的答案。

如第 1 章所述，这类顾客通常不会在与品牌相关的数据中留下痕迹。面对这种情况，我们可以通过行为观察和访谈的方法来收集可反映接触点情境的数据。通过分析这些数据，可以揭示非顾客的行为模式和思维规律，据此重新诠释品牌。

不是直接问非顾客需要什么，而是通过深入了解品牌实际使用场景，探索人们在这些情境下的思维和行为模式，然后基于这些认识来开发产品和广告。完成这些步骤之后，我们便可以进行定量检验（详见第 5 章）。

原则 3 的前半部分强调了理解顾客行为背后合理性的重要性，即使顾客的这些行为在表面上看起来不合理。后半部分则介绍了如何构建“替代模型”，来把握特定情境下人们的合理性（思维方式和对事物的认知）。这正是我在第 2 章分析芝士蛋糕案例时所采用的框架。

顾客的行为真的不合理吗

你可能听过这样的说法：“顾客的行为不合理”“行为受无意识因素支配”。如果你有市场调研的实践经验，可能会发现顾客的言行并不总是一致的。例如，在第 2 章提到的芝士蛋糕案例中，如果我们仅从结果来看，可能会觉得顾客的行为不合理（见图 4-12）。

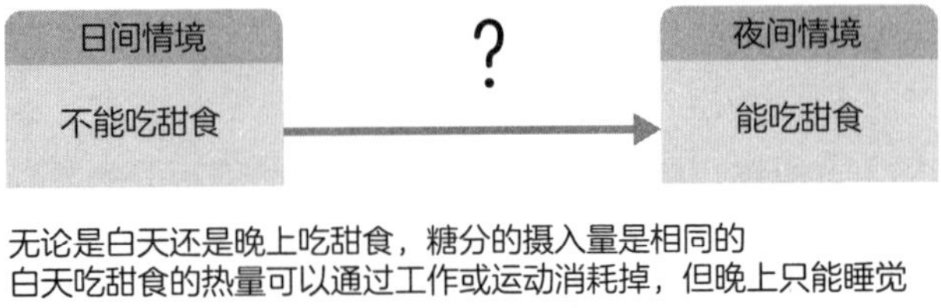

图 4-12　顾客行为的不合理性

但顾客的行为真的不合理吗？实际上这些行为有合理性，只是我们不了解而已。我们对顾客来说是旁观者。在旁观者看来不合理的行为，对当事者（顾客）而言可能就是合理的。最糟糕的做法是简单地贴上“不合理”的标签，然后停止进一步思考。有时，将行为归类为“不合理”或“无意识”，意味着我们认为这些行为难以理解或改变。这种观点可能源自弗洛伊德对无意识的描述，弗洛伊德认为无意识是一种模糊的概念。但是，现代人对无意识的理解已经超越了弗洛伊德时代的那些模糊概念，不再将其视为“本能冲动”或“被压抑的童年经历”。

大家最容易理解的是双过程理论。该理论认为人的思维和决策可以通过两种不同的系统来实现，它们通常被称为系统 1 和系统 2，其中系统 1 指快思考，系统 2 指慢思考。双过程理论在心理学界被广泛讨论，其中丹尼尔·卡尼曼在其著作《思考，快与慢》中的论述最广为人知。系统 1 涉及快速且几乎自动的信息处理过程，它通常不受本人意识控制。例如，当被问到“1+1 等于几”时，我们脑海中会自动浮现出数字“2”，就是无意识的思维模式。

系统 1 能够使人基于过往记忆和经验迅速做出判断。然而，它只倾向于处理对自己有利的信息，这可能会导致过于泛化的结论。这方面的典型例子是冲动消费。例如，当你在商店里看到一件价格高于预期的可爱夹克时，你可能会冲动地认为“只要稍微控制下伙食费就能买下”。但实际上，仅仅节省伙食费，你就支付得起这件夹克吗？你需要省下多少费用呢？这些具体问题往往没有在你的考虑范围之内。此外，你在要冲动消费的瞬间产生了自控力，并意识到“这很危险”，这也是系统 1 的一种表现。

与此相对，系统 2 在处理逻辑性强、需要深思熟虑的任务时更为有效。其判断过程较慢，需要集中注意力，适合进行复杂决策。当系统 1 遇到难题时，系统 2 便会介入。例如，在你冲动消费时，一旦走出商店冷静下来，系统 2 便开始工作并做出如下反应：“节省的伙食费不足以支付这件夹克”“它适合穿着的季节有限，而且没有合适的搭配品”“不如去其他店铺看看”等。这些思考都属于系统 2 的职责。如果所有事务都依赖系统 2 处理，大脑的负荷会过重，因此日常生活中的大部分决策都由系统 1 来处理。

系统 1 因其特性，容易让人做出带有偏见的不合理判断。不过，即便系统 2 介入，也不一定能保证人们会做出完全合理的行为。正是由于系统 1 和系统 2 可能产生不同的结论，它们的冲突有时会导致人们做出不合理的行为。例如，本书中提到在夜间购买红酒和冰激凌的行为。在白天，对健康的追求（系统 2）抑制了顾客对甜食的渴望（系统 1），因此他选择了糖分少的三明治。而到了晚上，随着这种抑制作用的减弱，顾客的欲望更容易转化为购买行为，使得甜食更易被接受（见图 4-13）。

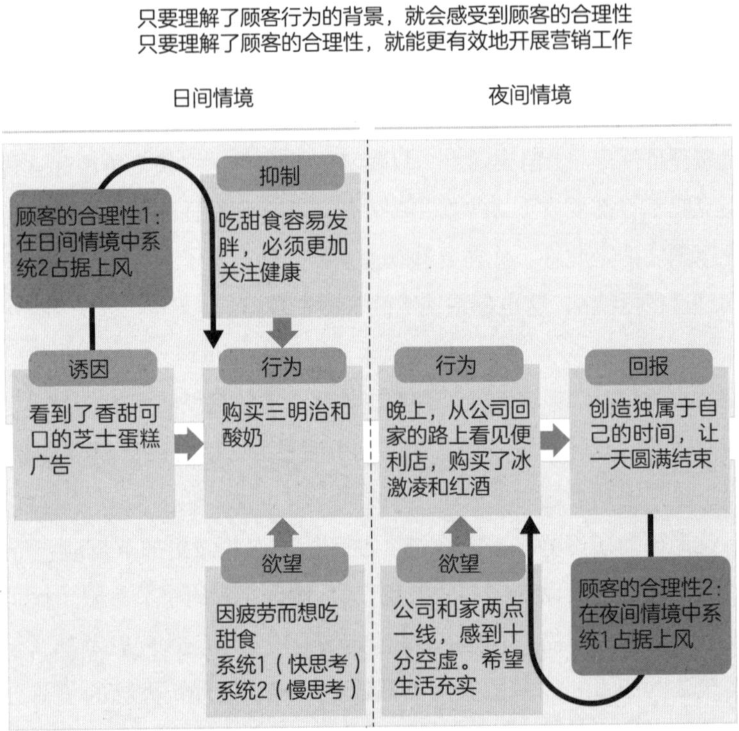

图 4-13　日间情境和夜间情境下顾客的合理性

因此，顾客形成了这样的合理性。

顾客的合理性

“白天工作时，为了健康需要少吃甜食；而到了晚上，为了给一天画上完美的句号，多吃点甜食也无妨，会感到很充实。”

由此可见，即使是相同的购买行为，在不同的情境下，顾客的行为逻辑也会有所不同。这种差异可能使他们的行为看起来不合理。换句话说，理解顾客行为背后的合理性，可以帮助我们更有效地进行营销。例如，在第 2 章中提到的芝士蛋糕案例表明，针对顾客心理冲突较小的夜间情境推广芝士蛋糕，可能会更有效。

在商业中，合理并不等同于正确（盈利），不合理也不等同于错误（亏损）。一个商业模式成功与否，取决于它是否符合顾客行为的合理性，即使这种合理性在营销人员看来可能不合理。反过来，在营销人员看来合理的行为，如果对顾客来说不合理，就是错误的。

因此，我们不要把无意识或不合理的行为只是看作模糊的概念，而应该将其视为可以被语言表达出来，能够理解的概念。在此基础上，探讨那些看似不合理的顾客行为背后，顾客觉得合理的理由是什么，他们的心理活动是怎样的。

理解顾客行为合理性的四个要点

顾客行为的合理性并不是说让他们回答“你的行为的合理性是什么”就能直接了解的。我们需要观察顾客在接触点中的行为，基于事实去思考为什么这种行为对他们来说是合理的。但是，如何观察和分析这种复杂多变的现象呢？最好是有一套指标，以减少对个体营销能力的依赖。

想要解决此类问题，最有效的方式是先制定一套标准化的操作流程，将复杂问题分解，逐步找到解决办法。

在探讨人类认知机制的简化与标准化方面，强化学习作为一种广泛应用于人工智能领域的机器学习方法，为我们提供了宝贵的启示。顾客的合理性可以类比为一种行为准则（策略），也就是顾客认为在特定情境下应采取的特定行为。

正如第 3 章中提到的先行研究所揭示的，这种行为准则构成了顾客的生活情境函数。[5-7] 例如，顾客的考虑集合并不是唯一的，而是根据接触点形成不同的考虑集合，里面有很多可选项。

这反映了顾客的品牌选择策略受情境影响，而且随着情境的变化而变化。[8] 通过强化学习的方法，我们能学习到如何在特定情境中获得最大的回报。[9]

我们可以做这样一个思维实验。设想在某种生活情境下的非顾客，考虑以下算法（过程）。

1. 当非顾客在特定状态下采取行动时，通过实际体验，他们可以学习到购买某种商品可能带来的好处或不良后果。
2. 处于某种状态下的非顾客在采取行动时通常有多种选择。
3. 在哪种状态下顾客采取哪种行为是由概率决定的，存在随机性（顾客的合理性）。
4. 在一种状态下顾客采取某个行为，之后会随机转换到另一种状态下。

5. 顾客不同的行为会产生不同的回报，而这些回报与特定情境紧密相关。
6. 非顾客在不同状态下采取行动并获得回报，随后会比较这些回报的总和，来评估其价值。

这种基于预期回报来评估行为价值的数学表达式被称为“行为价值函数”①。通过重复上述步骤，顾客趋向于选择那些能为其带来最大回报的行为。因此，非顾客当前的行为具有在特定情境下能获得最大回报的合理性。

通过这种简化，理解顾客的理性的过程就等同于“明确可获得回报的情境因素”。也就是说，要基于情境去探究在特定的接触点中，对非顾客而言什么是回报，以及为什么它们会被视为回报。

在探究过程中，我们可以采用文化人类学的方法。在文化人类学领域，研究人员通过深入调查未知对象（如社会、群体或个人）来形成能够解释其所处情境和结构的全新理论，在此过程中积累了许多行之有效的方法，其中就包括“叙事方法”。

叙事方法通过分析顾客讲述的“事件”和他们生活情境中的“事实”，来洞察人们的认知形成过程及其与当前行为的联系。[10]

我曾出版过探讨叙事方法的专著，并通过对多个品牌的调研，

① 为了使其符合顾客理解的含义，我对其原始定义进行了部分修改。

研究了情境与购买行为之间的关系。研究发现，在特定的生活场景中，顾客的行为主要受以下 4 个因素的影响：行为的诱因、行为背后的欲望、条件性抑制对行为的影响以及行为可能带来的回报。接下来，我将依次详细解释这些因素。

在接触点中理解顾客理性的 4 个要点

- **诱因：这种行为通常在什么情况下发生？**
- **欲望：行为背后的深层次动机是什么？**
- **抑制：这种行为受到哪些限制或条件的影响？**
- **回报：采取这种行为能带来哪些好处（或者避免哪些不良后果）？**

要点 1，诱因：这种行为通常在什么情况下发生

首先，通过观察接触点中非顾客的行为和活动，我们可以识别这些行为的诱因（见图 4-14）。行为受顾客当时所处情境和环境的影响，所以我们要根据以下事实来理解情境：

1. 顾客正在做什么（WHAT）；
2. 顾客身处何处（WHERE）；
3. 顾客与谁在一起，谁不在场（WHO）；
4. 行为发生的时间 / 时机（WHEN）。

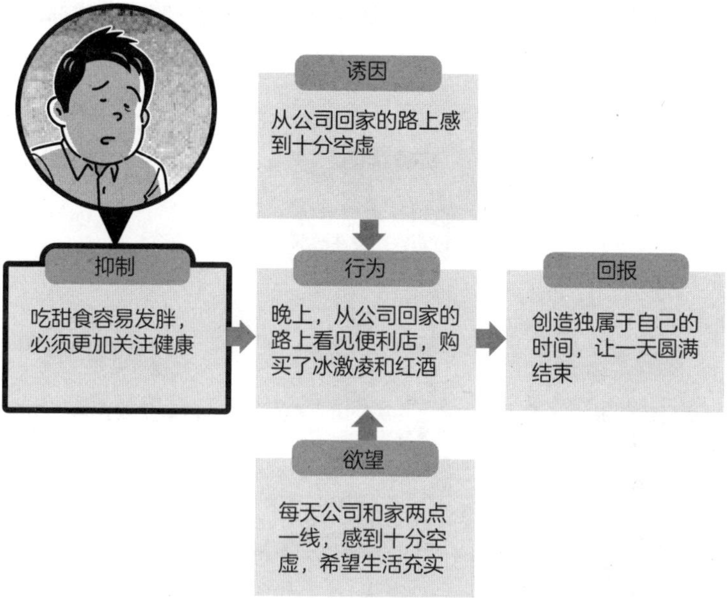

图 4-14　诱因

要点 2，欲望：行为背后的深层次动机是什么

接下来，我们需要深入探究顾客行为背后的原因，尤其是心理层面的因素。营销人员在努力吸引新顾客时，可能会专注于研究如何与竞争对手区分开来、如何传达产品的独特优势。然而，有一点他们必须始终牢记，那就是只有触及人类深层欲望的产品才能畅销。

无论产品功能多么有新意、成分多么独特，如果营销方案没有明确指出它满足的是消费者的哪些欲望，那么该产品在市场上便难以获得成功。特别是在吸引新顾客或拓展营销机会时，营销人员需要暂时抛开商品或服务，去挖掘顾客在特定情境下购买这些商品或服务背后的欲望（见图 4-15）。

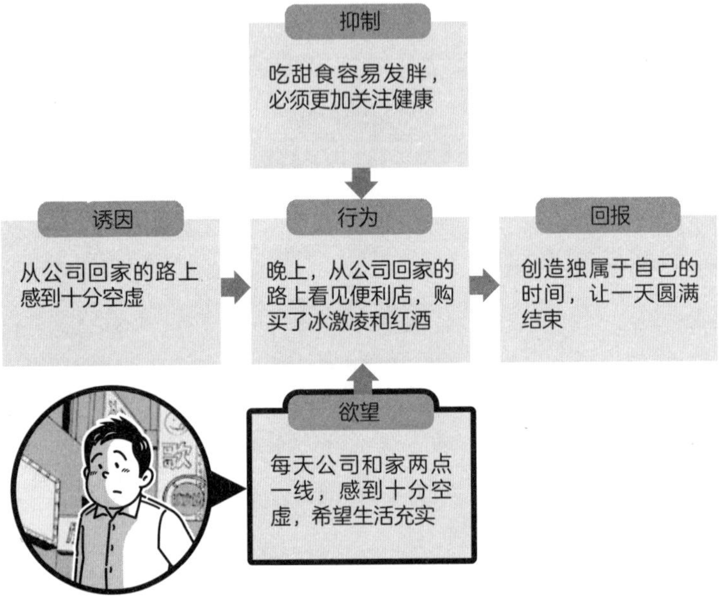

图 4-15　欲望

我在进行顾客行为观察时，制作了欲望检查清单，以便对顾客的欲望进行分类。请注意，这些分类应根据不同情境调整或组合，以便更好地探索顾客的欲望。

欲望检查清单（示例）

理想、进步、自我实现	
□	为了实现理想，是否已采取行动或有了想法？比如“想要这样”或者“觉得如果能那样就更好了”
□	是否已采取行动或有意识地延续并加强已经发生的积极变化？

续表

适应变化	
□	是否已采取行动或有意识地适应周围环境的变化?
□	是否已采取行动或有意识地削弱、消除负面影响?
快乐或本能欲望	
□	是否已采取行动或有意识地追求快乐或享乐,满足本能欲望?
性价比	
□	有没有为了实现一举两得的效果、增强获得感、获得高性价比而采取行动或形成想法?
消除、回避风险或损害	
□	是否担心受伤、患病?是否为了避免身体或精神上的危险、痛苦而采取行动?
提高日常工作效率	
□	是否已采取行动或有意识地简化日常重复性的工作或任务以提高效率?
承受困难	
□	为了接受痛苦的事件或不利的事实,是否尝试改变自己的思维方式或看法来降低认知上的不一致感?
打破思维定势	
□	是否已采取行动或有意识地改变那些约定俗成的事物,或者改进和完善那些曾经认为无法改变的事物?
化解冲突	
□	是否已采取行动或有意识地调解、消除任何形式的冲突与矛盾?
利他行为	
□	是否有为他人着想的行动或意识?是否已采取行动或有意识地减少他人的不满、不幸和不愉快?
适应群体规范	
□	是否已采取行动或有意识地维护自己所属群体的文化、传统和规范?
维护尊严和价值观	
□	是否感觉到自己的存在价值或价值观受到他人观点的威胁?是否已采取行动或有意识地维护自己的观点、尊严和存在的意义?

续表

竞争意识、嫉妒、认可欲望	
□	是否羡慕他人或他人的环境，是否否定过他人的言论，是否有过嫉妒或攀比的行为或心理？
社会正义	
□	是否已采取行动或有意识地坚持自己认为正确的事情？

要点 3，抑制：这种行为受到哪些限制或条件的影响？

抑制是指对欲望或行为施加直接或间接的约束条件（见图 4-16）。

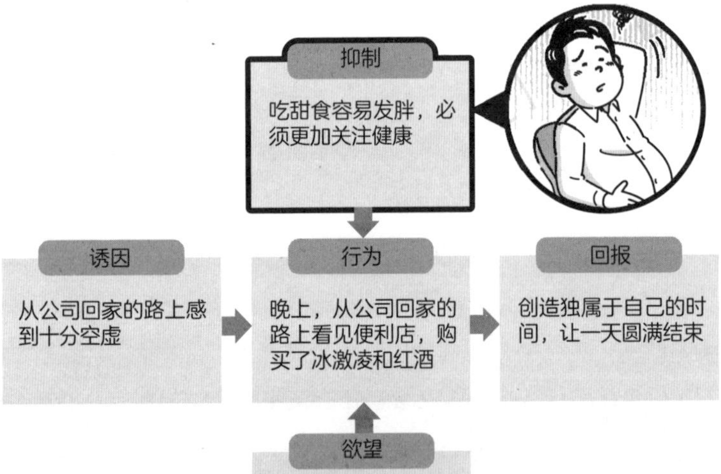

图 4-16　抑制

人生活在社会中，几乎所有的欲望都会受到某种抑制。换言之，人类的行为不仅受到欲望的驱动，还受到欲望与抑制之间相互作用的影响。抑制有多种形式，大致可以分为3类：物理抑制、心理抑制和社会抑制。

- **物理抑制**

  难以买到，商品的使用方法或服务的提供方式不明确且复杂，数量不足或质量不佳，信息不充分，选择种类过多或过少，过程耗时等

- **心理抑制**

  觉得麻烦，想要推迟，感到羞耻、厌恶、恐惧，认为不适合，缺乏自信，担心可能后悔等

- **社会抑制**

  社会性、理性、理想形象、行为规范、社会默认规则、道德观念、传统文化思想、生活习惯等

物理抑制和心理抑制比较容易理解，但社会抑制没有那么明显。在这种情况下，我们需要关注非顾客的固有观念，即人们根据过往经验自行形成的一些认知，认为“本就如此”“必须这样做”“这是常识”等。从积极的角度看，这是经验；从消极的角度看，这就成了偏见。这些固有观念有时会不经意间对个人或群体产生抑制作用。如果带着以下问题进行观察，我们就有可能发现潜在的抑制因素。

分析固有观念的视角

- **对那个人而言，哪些行为或预期被视为理所当然？**
- **是否有将某些事物强行定性为“本就如此”的倾向？**
- **是否自己设定了规则或规范，并且认为必须遵循？**
- **为了得到某种结果，哪些前提被认为是必要的？**
- **是否存在认为“这样做必然导致这种结果”的固定思维模式？**

要点 4，回报：采取这种行为能带来哪些好处

到目前为止，我们会发现欲望侧重于“想做”而采取行动，而抑制则侧重于“必须做”或“应该做”而采取行动。

- **欲望**

  因为想要这样做，所以这样做（本能、冲动、追求快乐）
- **抑制**

  因为必须这样做，所以这样做（社会性、理性、规则、习惯、文化）

除此之外，采取何种行为还有另一个重要的影响因素，那就是行为的“回报”。所有行为都能给人带来回报。我们要去了解在特定的生活情境中，何种因素会被视为回报，这对于揭示接触点中购

买行为的连续性和间断性至关重要。

在“因为想要这样做，所以这样做”（欲望）的情况下，人们通常期待行为背后的欲望得到满足。无论是像“肚子饿了去吃饭”这样满足生理需求的行为，还是“有空去打游戏”这样追求快乐和享受的行为，对本人来说，都一定会产生积极的效果（回报）（见图 4-17）。

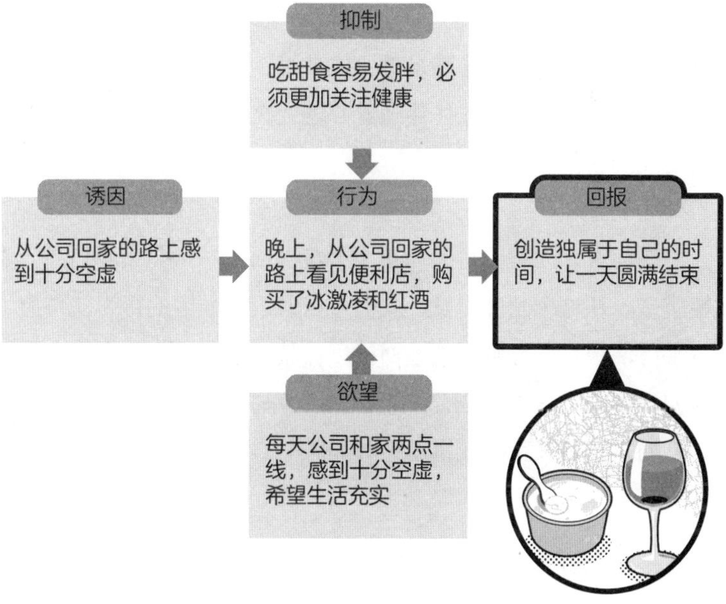

图 4-17 回报

当人们出于“必须做”或“应该做”的心理采取行动时，这通常是为了预防不良后果。例如,“深夜调低音乐音量”“上班不迟到”等，这些行为都是为了规避不良后果的发生（回报）。

值得注意的是，许多行为同时具备两方面的特征。例如，刷牙不仅是一种“必须这样做”的行为，以预防蛀牙或口臭，它也是一种“想要这样做”的行为，因为刷牙能带来健康洁白的牙齿和清新的口气。

回报可以被视为顾客采取行动后获得的“积极变化”，这些变化分为物理变化和心理变化两类。物理变化指的是那些个人健康的改善或生活环境的变化，如“能够坚持减肥”“晚上不看手机，自然入睡”“熟练使用新设备”等。心理变化则涉及情感和情绪层面，如通过行为获得幸福感、满足感、成就感、安全感和认同感，以及消除不满等。物理变化往往伴随着心理变化，但也有仅涉及心理变化的情况。

一般而言，人类的行为均是为了获得回报——要么能趋利，要么能避害。从这个角度出发，我们可以假设非顾客的行为就是为了获得某种回报。在理解了这些回报后，就可以考虑如何利用自身优势来向顾客提供这些回报，或者如何定位品牌来满足顾客的这些需求，从而重新定义市场或重新诠释品牌。

从 0 到 1 的新获客案例

SUCCESS 药用生发液的替代模型

花王股份有限公司 林裕也

现在介绍一下花王公司旗下男性护理品牌 SUCCESS 的生发产品——SUCCESS 药用生发液的营销策略设计

案例。SUCCESS 品牌历史悠久，自 1987 年诞生以来积累了大量用户。然而，随着用户年龄层逐年上升，品牌开始面临如何吸引新用户的挑战。2020 年，花王公司实施了大规模的品牌升级，旨在吸引年轻顾客群体。

尽管花王公司在品牌升级后一度成功吸引了许多年轻用户，但仍需进一步扩大用户基础，促使用户持续使用产品。为此，花王公司营销团队对 SUCCESS 药用生发液的顾客进行了分类，包括“忠实顾客”“流失顾客”和“复购顾客”，并进行了定性调查。调查的目的是了解男性对护发和生发的看法及采取的措施，从而为 SUCCESS 药用生发液产品构建下一步营销策略。

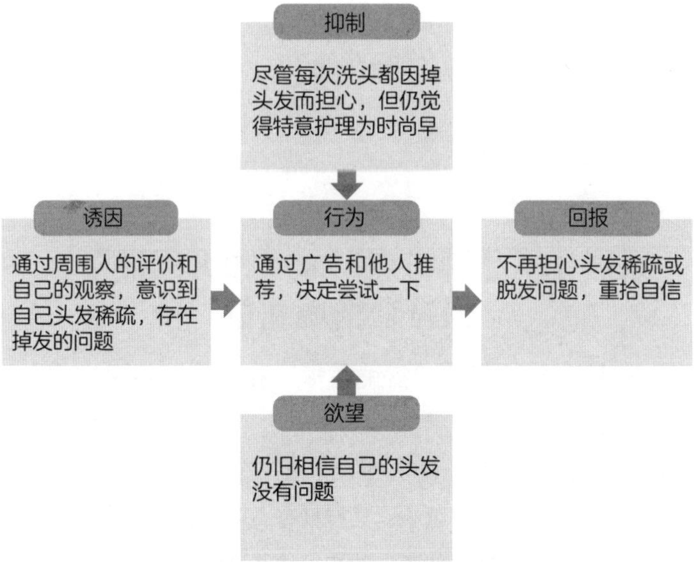

图 4-18　SUCCESS 药用生发液的替代模型

在定性调查中，营销人员收集了大量的顾客反馈，来了解顾客的护发意识和护发行为、顾客对生发液产生兴趣的契机以及他们的期望、实际感受等。随后，营销人员在整个团队共享了用户画像并制定了策略，旨在通过转变顾客的观念，促使非顾客成为实际顾客。

调查结果显示，尽管许多人意识到了使用生发液的必要性，但对于使用该产品仍有疑虑，认为现在使用为时尚早。为了让人们理解持续使用生发液的重要性，营销人员以“头发的生长周期”为切入点，从积极肯定人们自身生发潜力的角度出发，设计了沟通策略。另外，还通过电视广告、公共宣传、数字广告、媒体合作和体验推广等多种渠道，向目标用户传递了使用生发液的积极效果。营销人员通过准确把握消费者的想法和行为，消除了团队成员的偏见，成功制定了有效的沟通策略。

原则 4：“品牌特点” × “顾客回报” = 最符合情境利益

——针对非顾客的“营销话术”和“价值传递方式”

在新产品开发项目中，“差异化”是一个常被提及的话题。这是因为在众多相似的竞争品牌中，只有具有高度差异化的产品才有可能成功吸引新顾客，而缺乏新颖性的产品往往难以获得市场认可。基于这种视角，新产品源源不断地涌入市场，但并非所有的新产品都能成为畅销品。实际上，通常只有千分之三的新产品能够取得成功。

那么，品牌是否必须通过开发新产品才能吸引非顾客？开发出差异化产品之后，就一定能赢得新顾客吗？这些问题值得我们深思。

靠“产品差异化”可以获得新客吗

首先来探讨产品差异化在吸引非顾客方面的效果。一种普遍的观点认为，由于消费者的需求日趋多样化，品牌就要通过高度差异化的产品来满足各种具体的需求。消费者需求的多样性确实越来越显而易见，但是使产品差异化就能够吸引到有不同需求的顾客了吗？

假设市场上流通的产品从企业的角度来看实现了差异化，也就是说，不同品牌能够满足不同目标群体的不同需求，如果顾客确实因为产品的这些差异而选择了不同的品牌，那么市场上现有品牌的顾客档案应该存在显著差异才对。

然而，实际情况并非如此。如第 3 章中所述，竞争品牌之间的顾客构成非常相似。[11–12] 自家品牌与竞争对手之间存在大量的顾客重叠，而且所有品牌的顾客构成也极其相似。这就说明最初的假设可能存在问题。换言之，差异化仅能帮助品牌吸引特定的顾客群体，但品牌不会因产品缺乏差异化而失去其他顾客群体的青睐。

接下来，让我们来探讨差异化对渗透率的影响。除了少数例外

（请参阅下面的专栏），即使一个产品完全实现了差异化，其顾客数量也不会发生显著变化。一方面，重度用户无论产品有没有差异化都会购买，而且他们的购买频率或支出金额不会因产品差异化而发生大幅变化，这一点我在第 3 章中已经讨论过。

另一方面，非用户或轻度用户往往不会注意到产品之间的细微差异。我曾参与一项针对某食品的感官测试调研。顾客有两种不同的偏好：一种是“口感酥脆”，另一种是“口感清脆”。这项调研的潜在主题是找到消费者更倾向于哪一种口感描述。实际上，这并不是关于真实的口感差异，而是关于哪种说法更吸引顾客。调查结果显示了消费者偏好的口感描述，品牌据此投放了广告。但遗憾的是，该产品的销售额并未发生任何改变。

品牌对销售业绩不满，于是又对广告效果进行了测试分析。分析结果显示，重度用户会根据自己的口感偏好进行购买，不用品牌告诉他们这是“酥脆”还是“清脆”，而轻度用户选择“酥脆”与“清脆”的人数也没有明显的差异。说明对于现有顾客而言，这两种口感并无区别。因此，现有顾客和非顾客的销售额均未出现显著变化，消费者并不会像企业预期的那样关注这些细微的差异。有研究表明，仅有大约 10% 的顾客能够察觉到产品的差异点。[13]

为了避免误解，我在此要补充说明一点。尽管口感是该产品开发中的一个重要因素，但对于非顾客而言，品牌用什么形容词来描述产品口感并不重要。企业追求产品差异化，以期在与竞争对手的较量中占据优势，这更多是从“企业如何战胜竞争对手”的角度出发的。然而，非顾客关心的是“产品对他们个人的实际意义”。企业深入挖掘产品对顾客的价值，结果使产品形成差异化，这本身没有问题。可是，追求产品差异化，并不一定能直接转化为顾客想要的价值。

产品差异化真的重要吗

通过多属性态度[①]模型被选择出来的商品类型，实现产品差异化至关重要。例如，在家电、IT 设备、专业工具和设备，以及 B2B 服务等领域，商品规格和性能的差别会影响消费者对品牌的选择。然而，即便在这些领域，仅凭差异化也不足以吸引非顾客进行购买。

以更换大型家电为例，消费者会因为商品功能过于复杂而难以判断哪款更好，最终可能选择之前使用过的某一品牌的最新款，或者是基于折扣优惠选择上一代的高端机型。在这种情况下，由于消费者通常不关注这些产品的复杂功能，当他们突然需要评估产品的多个功能时，就可能无法通过系统 2（逻辑分析）来处理，最终会回归到系统 1（直觉启发）的判断方式。

“心理可用性”与“实际可用性”

企业不应只关注竞争对手，而应更关注顾客。如果顾客心中有

① 通过多个属性和视角来评估商品，选择总权重合计分数最高的品牌。——编者注

以下公式，那么，企业可能过于关注提高产品的质量（分子），而忽视了获得产品的成本（分母）。

购买行为的性价比 = 产品的质量 / 获得产品的成本

如前文所述，追求消费者难以察觉的差异便是这种现象的典型表现。在这种偏重产品差异化的理念背后，企业需要苦心钻研能够与竞争对手抗衡、扩大市场份额的策略。追求产品差异化在一定程度上容易给人一种企业正在进行战略布局的错觉。这种“因为竞争对手这样做，所以我们也这样做”的思维逻辑，在企业内部很容易被理解，相关策略也很容易在会议上通过。此外，制造商的使命就是生产产品，因此很少有人会直接反对持续改进产品的策略。

然而，非顾客受“可得性启发”[14] 的影响，往往会从他们熟悉的品牌中选择最容易获得的产品。从这个角度来看，公式中的分母——获得产品的成本显得尤为重要。成本不仅涉及价格，还包括购买的便利性、产品种类、使用时机和顾客能够获得的体验等。信息处理的复杂性越高，非顾客的决策负担就越重，过度的差异化就会要求非顾客处理更多的信息。

让我们回归品牌的核心作用。建立品牌的本质是让消费者能够“不假思索”地做出选择。[15] 品牌旨在减少消费者在信息搜集，信息理解、比较和评估上所需的时间和精力（成本），使他们能够根据实际情况迅速做出决定。因此，**与其追求消费者难以察觉的产品差异点或盲目模仿竞争对手，不如深入思考如何让消费者确信“选**

择我们的品牌，可以获得符合情境的回报”，这种思维方式被称为“心理可得性”和“实际可得性”。[16-17] 消费者在日常生活中会遇到各种各样的接触点，品牌在这些时刻能否被消费者迅速地联想到（心理可用性），产品是否容易获得（实际可用性），这两点对消费者的品牌选择具有重要影响。简言之，那些易于留存在记忆中且易于获取的产品更有可能被消费者选中。虽然这个目标听起来简单，但要实现的话，需要精心规划策略。接下来，我将详细解释一些基础的思维模式。

刷新顾客的品牌联想

非顾客营销的核心不在于让顾客理解产品，而在于通过“认知训练”强化品牌与非顾客日常生活及行为的联系。这其中的关键不是让他们从头开始记忆产品的新颖之处或与旧版的差异，而是将品牌与顾客已有的记忆相融合，强化顾客的品牌联想。需要再次强调的是，为非顾客创造更多与品牌相关的接触点仍然至关重要。

如果你询问周围的人“外出口渴时会喝什么”，答案可能是各种品牌的茶和水。如果你接着问“感冒发烧时会喝什么”，很多人可能会回答“宝矿力水特”（在日本流行的电解质补充饮料）。这说明宝矿力水特与发烧的情境有很强的关联性，也就是说，在发烧的情境下，它更可能成为人们的首选。

想在顾客心中建立起这种联想，就要有效地将品牌的特点或功能重新诠释为“行为回报”。正如原则 3 所指出的，行为的发生是因为它能带来某种回报。那么，在成为购买动机的接触点中，非顾客的行为或活动也应有相应的回报。如果能够使顾客形成“通过这个品牌可以获得这种回报”的认知，品牌与有关接触点就能在非顾客心中建立联系。也就是说，在非顾客的认知中，选择这个品牌就意味着能够获得回报（见图 4-19）。

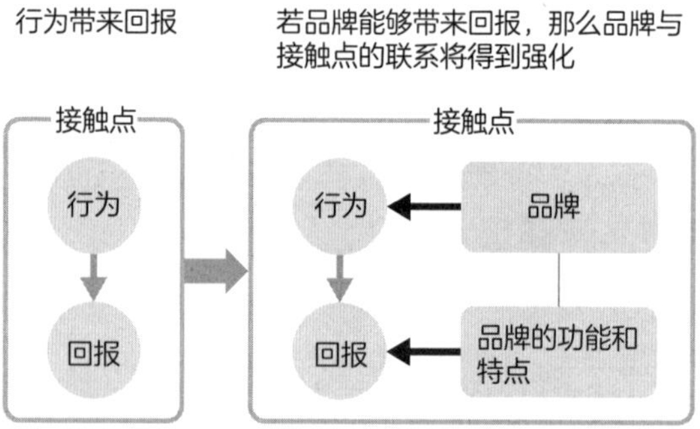

图 4-19　顾客购买行为与获得回报之间的关系

仅仅拥有独特的特点或差异化的功能，还不足以使品牌在市场上脱颖而出，关键在于清晰地展示品牌的功能和特点是如何转化为实际回报的。我们必须重新诠释这些特点，将其转化为品牌能为非顾客带来的具体回报，并传达品牌能创造的积极体验。因此，**营销人员要将“品牌特点”与“非顾客所获得的回报”相结合，创造适合非顾客所处情境的“利益”**。“利益”指顾客能从品牌中获得的好处。利益已成为广告和产品开发的指导原则。

品牌虽然只有一个，但能给消费者带来的利益不止一点。正如原则 1 所指出的，顾客对品牌的作用和价值的感知是主观的，会随着非顾客所处情境的变化而变化。因此，理解非顾客在特定情境下的需求，并把品牌特点转化为对应的回报，这对营销人员至关重要（见图 4-20）。

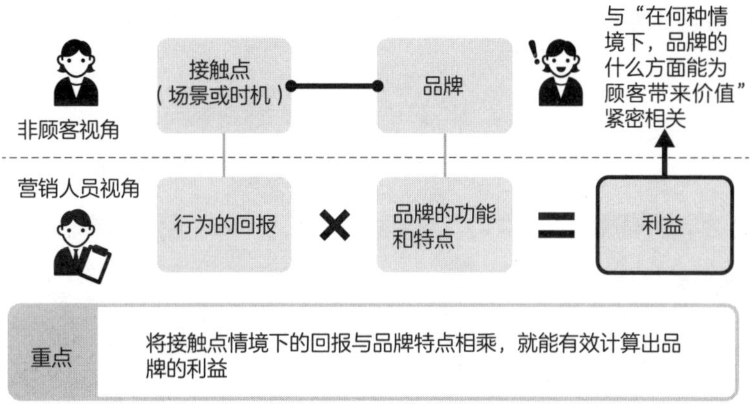

图 4-20　结合情境与品牌的利益计算方式

以第 2 章提到的芝士蛋糕为例，我们来探讨这一点。对于每天公司和家两点一线的人来说，他们可能会感到今天何时结束、明天何时开始的界限很模糊。尽管回家后会吃晚餐和睡觉，但如果工作的紧张得不到缓解，他们日常生活中的界限会变得不清晰。因此，下班后购买甜食会成为一种仪式，每天两点一线的上班族用这种仪式来明确地标识一天的结束。这样做有助于缓解他们的工作压力，维持生活的秩序。基于这种洞见，就可以将如下信息转化为顾客的心理回报：

1.“今天不结束，明天就无法开始”；

2.“无论好坏，若一切压在心头，就难以前行”；

3.“在期待明天之前，先好好地结束今天”；

4.“为了迎接美好的明天，先确保今天圆满结束”。

这个芝士蛋糕品牌的特点在于“低糖配方、甜而不腻”和“精选3种天然奶酪”，这些特点与上述心理回报相得益彰（见图4-21）。

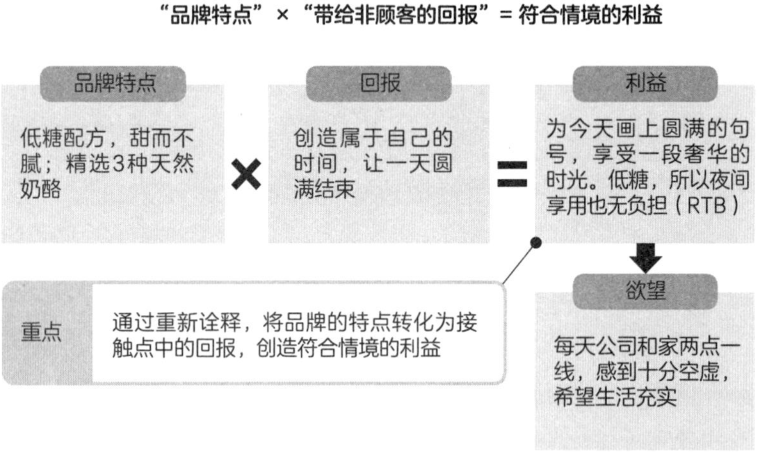

图4-21　符合情境的利益

品牌与回报的结合，能够“发挥产品的优势”。但是，单纯的功能和特点并不足以构成这种优势。只有在特定的场景或时机中，非顾客对产品形成了有关回报的联想，才会触发他们购买，这样的联想就成了促进非顾客购买的优势。关于此类接触点与品牌结合方式和强化方式的多样性，我将在第5章通过几个具体案例进行深入探讨。

不可忽视的“一致性”与“独特性”

在市场营销中，人们常说品牌的一致性和独特性至关重要。我想对此稍作思考。原则 1 强调了针对非顾客的情境，以最佳角度展示品牌的重要性。选择宣传品牌的哪一些方面（特点），取决于它是否与非顾客的情境相符合，从而决定品牌对顾客的价值。前文芝士蛋糕的营销案例是以“精选 3 种天然乳酪”这一特点为切入点来创造价值的。如果我们选择“低糖配方，甜而不腻”这一特点切入，结果会如何呢？

- **特点**

  低糖配方，甜而不腻

- **回报**

  让一天圆满结束，获得充实感

虽然这并不是错误的切入点，但可能会让人感觉与目标情境不太协调。因为在夜间情境下，顾客通常会回报、犒劳自己，这时候强调甜度、糖分的产品宣传可能更受欢迎。因此，为目标情境指出品牌在哪些方面具有价值至关重要。如果产品开发和广告宣传未能有效对接，产品与广告的诉求焦点将会偏离，这会导致品牌的一致性丧失，从而削弱努力建立起来的品牌与接触点的联系。

此外，为了保持一致性，也要坚持不懈地宣传已经确定的品牌利益点。这一点也很重要。在特定情境下，建立品牌与顾客之间的联系并非一蹴而就。尽管有时通过大规模的广告投放可以在较短时间内迅速实现这一步，但通常情况下没那么容易。而且有一个常见的现象：最初由自家提出的品牌特点，可能会被后来进入市场的竞争对手模仿，最终这些特点成了竞争对手的宣传点。为了避免这种情况的出现，品牌必须一直坚持传达确定的利益点。这种品牌的一致性会在顾客心中形成认知上的捷径，使品牌的独特性深入人心。

另外，品牌的独有特征，如品牌标识、吉祥物、名人代言、声音、色彩、字体和标语等，都有助于顾客对品牌形成联想。这些特征被称为品牌的“独特性资产”。[18] 例如，苹果手机的苹果标志、软银的吉祥物白户次郎、可口可乐的经典字体、全家便利店的标志性入店提示音等，它们都能迅速引发人们对品牌的联想。“品牌利益”用语言表达顾客获得的回报，以此将品牌与接触点结合到一起，而这些独特性资产则在非语言层面上加强了顾客对品牌的联想。因此，这些独特的品牌资产也应该持续应用于多个接触点之中。

然而，仅仅依靠一次性的创意是不够的。如果频繁更换包装、广告语、代言人等，可能会妨碍品牌战略的构建。因此，品牌需要进行长期管理来保持一致性。

从 0 到 1 的新获客案例

贴近消费者心理的沟通设计

日本东急广告代理公司　大仓新也

品牌在设计沟通战略和战术时，找出品牌利益点至关重要。利益可以这样理解:“能让人有这样的感觉”或“能让人成为这样的自己”。然而，仅仅制作一个关于品牌利益或特点的宣传广告远远不够。

为了获得成功，深入了解顾客所看到的世界，并在适当时机描绘顾客所看到的（或期望看到的）世界非常关键。为此，通过精炼问题来发掘顾客“通过行为获得的回报（奖励）”以及“行为背后的欲望”，并将这些要素与品牌特点紧密结合，就是一种行之有效的方法。

此外，在媒体多样化的背景下，考虑清楚“信息在何种场景或时机下最具吸引力”的问题变得越发关键。品牌必须深入探究“诉求机会”和“诉求场面”。只有这样，我们才能描绘出“顾客期望看到的世界”，并在最佳时机传递给他们。

原则 5：专注于提高商品接触频率，而非改变销售方式

——打动非顾客的“策略思维”与“实践措施”

在本块内容的前半部分，我们将探讨在调查和分析非顾客时需要避免的陷阱，以及为何主流营销中的“理由→行为”策略不适用于非顾客。在后半部分，我将基于行为分析的概念，阐述如何构建

对非顾客更具吸引力的“行为→理由”策略。

近年来，数据分析在各个业务领域的应用迅速普及。曾经与数据分析工作毫不相关的商务人士现在也越来越多地接触到了数据，他们对“数据驱动”和“证据”的需求不断上升。然而很遗憾，越来越多的人错误地认为“只要查看数据就能完全理解顾客”。

理解数据和理解顾客是两回事。尽管技术进步让人们能够轻松获取各种数据和统计指标，但是这些数值和指标并不那么容易理解。而且，仅理解数值并不等同于理解顾客。在缺乏统计学和因果推断等基本理论支持的情况下，仅凭比例、平均值、变量相关性就得出直观的结论是十分危险的。特别是在理解非顾客的过程中，由于传统营销观念和营销人员的偏见，变量的因果关系常常被混淆和误读。

重新理解顾客“不购买的理由”

面对问题，人们总是试图寻找原因，因为只有找到问题的根源才能解决问题。在商业领域，“解决问题”的思维框架备受推崇。众多营销顾问强调要解决顾客的问题，商业书籍也在不断地强调探究原因的重要性。因此，许多商务人士认为每个问题的发生都有其原因或理由，并且以为只要找出原因，加以解决就可以了。

因此，面对消费者不购买产品的情况，许多商务人士认为其中一定有理由。然而，在理解非顾客时，我们需要转变这种思维方式。理解非顾客并不是简单地发现并满足非用户或轻度用户未被满足的需求，也就是说，它不是单纯“解决问题”。实际上，顾客对品牌不关注或缺乏兴趣，往往没有特定的理由或原因。可能只是品牌尚未进入顾客的认知范畴。

因此，即使有些人对你的品牌不感兴趣，也不是因为你的品牌不能解决他们的问题。同样地，即使你发现并解决了其他品牌尚未解决的问题，也不一定能激发顾客对品牌的兴趣。在理解非顾客的过程中，总是去追问他们“为什么没有兴趣”，这样做没有实际意义。

营销人员在进行采访或问卷调查之后，可能会得到一些似乎很合理的回答，认为非顾客解释了他们不购买产品的原因、对品牌没有兴趣的理由。但如果品牌真的依据这些回答来制定营销策略，很可能会失败。这是因为非顾客会受到营销人员偏见的影响，总认为“一定存在某种原因”，而且顾客也希望保持言行一致，所以顾客给出的回答及据此制定的策略可能并无意义。

“选择盲”是一种常见的陷阱

在对顾客进行采访或问卷调查时，我们通常会问：“你为什么购买这个产品？”“为什么选择这个品牌？”“你喜欢它的哪些特点？”然而，在顾客做出选择之前，他们真的都有明确的理由吗？他们能否准确回答这些问题呢？

在这方面，心理学中有一个有趣的实验[19]，实验人员向参与者展示两张面部照片，并问他们喜欢哪一张。在参与者做出选择后，实验人员询问他们喜欢所选照片的哪些地方。然而，有时实验人员会故意给参与者看他们之前未选择的另一张照片，随后询问同样的问题。按常理，参与者应该回答不出来，但实验结果恰恰相反。发现照片被调换的参与者不到三分之一，而超过半数的参与者竟然能够流畅地解释为什么自己喜欢那张他们实际上并未选择的照片。

这种现象被称为“选择盲”（choice blindness），它揭示了人们倾向于为自己的行为或选择编造理由并且对此欣然接受。这种倾向在采访和问卷调查中同样存在。为了减少选择盲的影响，我们不应该直接询问消费者选择或不选择某个品牌的原因，而应该像原则 3 中所解释的那样，基于事实来收集有关顾客使用产品前后情况的信息，并通过分析这些事实来推测其背后的合理性，从而获得更深入的洞见。

“行为→理由”而非“理由→行为”

在分析数据时，我们必须特别注意因果关系的方向。例如，分析顾客购买行为时，许多营销人员往往会从“理由引发行为”的角度进行思考。如果看到有人购买品牌 A，就会认为“这个人一定是因为喜欢品牌 A 才购买的”。

营销人员的合理性

喜欢品牌 A（理由）→购买品牌 A（行为）

然而，非顾客行为的因果关系方向往往相反。他们购买品牌A并不是因为先前就喜欢，而是在购买后才开始产生好感，以此保持自己行为的一致性。他们通过调整认知来适应自己的行为，以达到认知协调。例如，买了新车之后，人们通常不愿意在路上看到自己曾考虑过却最终放弃的车型，因为这可能会引发“我本应该买这款车”的后悔心理而影响心情。如果真的遇到了这一车型，他们又可能会自我安慰，比如“我年纪不小了，选择环保车型才是正确的”或者“黑色车容易显划痕，长远来看，选择白色车更不会后悔”，为自己的选择寻找合理的解释。

非顾客的合理性

自己购买了品牌A（行为）→喜欢品牌A（理由）

非顾客是对品牌不感兴趣的一群人，他们的购买行为并非基于明确的购买理由。然而，许多营销人员仍会依据错误的因果关系去分析数据。以芝士蛋糕为例，如果营销人员对20～40岁的商务人士进行访谈，询问他们“何时会购买芝士蛋糕”，他们可能会回答：“想到明天要继续努力工作的时候。”营销人员就会据此简单推断，认为当人们想着明天要继续努力工作的时候，选择购买芝士蛋糕的概率更大，由此还可能推出类似“为明天继续努力工作的商务人士准备的芝士蛋糕”的广告语。即便如此，销售业绩仍旧不如预期，你知道这是为什么吗？（这里不考虑广告文案质量的问题。）

在这种情况下，如图 4-22 所示，营销人员假设了一种因果关系：因为有理由，所以采取行动。

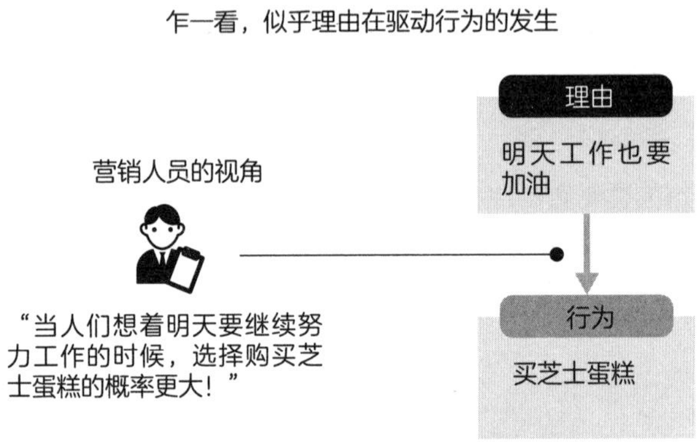

图 4-22　营销人员假设的因果关系

然而，非顾客的合理性往往与此相反。诱因"今天又是公司与家两点一线，生活真是乏味"触发了"至少买个芝士蛋糕"的行为，结果产生了"明天也要继续努力工作"的心情。在这里，"明天继续努力工作"是购买行为的结果，而非诱因。

实际上，在购买芝士蛋糕之前，这个人并没有"为了明天继续努力工作而买芝士蛋糕"的意图。这个人真正的购买动机在于"今天又是公司与家两点一线，生活真是乏味"的情境。

所以，仅凭"明天继续努力工作"的广告语不足以吸引顾客（见图 4-23）。

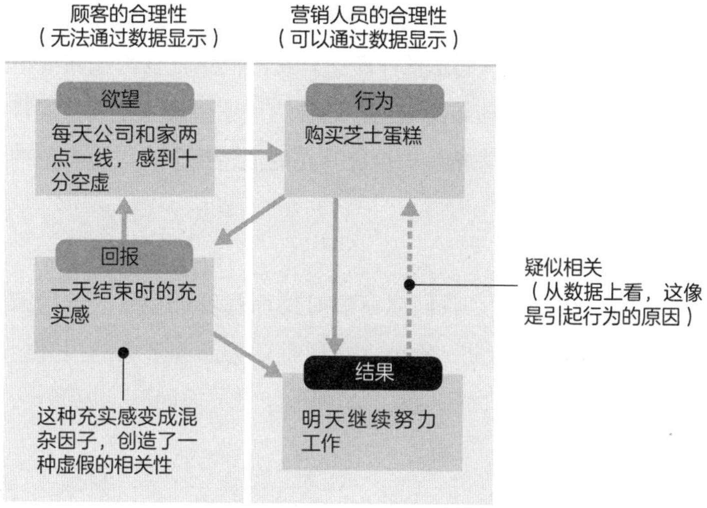

图 4-23　非顾客的合理性（与营销人员合理性的对比）

这是一个受混杂因子迷惑的典型例子。混杂因子是指同时影响原因和结果的第三个变量。芝士蛋糕的案例存在一个混杂因子，即“回报（充实感）”，它在“明天继续努力工作”的愿望和购买行为之间创造了一种虚假的相关性。购买芝士蛋糕与获得充实感之间形成了一个循环：吃芝士蛋糕能带来回报（充实感），从而促使顾客再次购买。同时，感到充实的人也产生了“明天继续努力工作”的动力。从数据上看，“购买芝士蛋糕”与“明天也继续努力工作”之间似乎存在相关性。然而，这是因为“一天结束时的充实感”作为第三个变量，混淆了因果关系。所以，仅凭“明天继续努力工作”的广告语不足以引发顾客共鸣。

如果仅凭表面数据而不深入理解非顾客的合理性，营销人员就容易陷入这样的误区。如果简单地将相关性大小和统计比例的数据视为事实的体现，坚持认为“顾客是这么说的”或“数据就是这样的”，这可能会导致我们思维停滞。真正的洞见往往隐藏在混淆因素之中。因此，我们应该将这些指标作为线索，深入挖掘数据背后非顾客的合理性，探索情境中可能存在的混淆因素，以便真正理解问题所在。

在考虑非顾客时，我们应审慎对待那些看似理所当然的因果关系。以品牌形象为例，营销人员通常认为品牌形象的提升会促成顾客的购买行为，也就是说，品牌形象是“原因”，购买行为是“结果”。

营销人员的合理性

品牌形象→购买行为（销量、市场份额）

营销人员往往基于这种因果关系进行产品评估、分析竞争对手和测评广告效果。例如，通过“产品是否值得信赖”或“服务是否使人放松”等维度来评估品牌形象，分析广告对销量的影响，以及与竞争品牌进行比较。通过有关数据，营销人员确定可以促成购买行为的品牌形象，开发广告传播策略和创意，以期进一步提升品牌形象。然而，在理解非顾客时，要对这种因果关系的方向打一个问号。

品牌形象会对品牌资产，也就是品牌价值产生影响。[20-21] 但在购买行为方面，许多研究指出，**品牌形象的提升不能促成顾客的购买行为，但顾客的购买（使用）行为能够使品牌形象变得更好。**

非顾客的合理性

购买行为（销量、市场份额）→ 品牌形象

例如，在各类商品中普遍存在这样的趋势：对品牌持正面联想的消费者在现有购买群体中占比最高，在非购买群体中占比最低。[22-23] 此外，品牌的销售额和市场份额越大，品牌形象在各种评估中的得分往往也越高。[24]

根据这些观点，市场份额或渗透率的增长自然会带动品牌形象的提升。然而，单纯提升品牌形象并不能直接促使非顾客购买产品，也不会增加品牌的市场份额或销量。更实际地说，即便我们将“粉丝”或重度用户感受到的品牌魅力传递给了非用户或轻度用户，也不一定能打动他们。

我们在“粉丝”或重度用户中对品牌形象进行调查时发现，不仅是那些能鲜明体现品牌特色的形象项目，几乎所有有关形象的项目得分都比较高，并且与购买意向呈正相关。但是，如果将分析对象限制在非顾客，或者将最近的购买或使用体验作为限定条件，那么原本在重度用户中很强的相关性可能会变得很弱甚至不显著。如果你手头有相关数据，不妨对此进行验证。如果在非顾客群体中，以最近必须有品牌消费或使用经历的情况为限定条件，相关性仍然显著，这就说明这些因素将成为真正强劲的购买决策因素。

对于品牌“变得喜欢”与“持续喜欢”的情境大不同

当前，重视“粉丝”和培养忠实顾客已成为营销领域的流行趋势。然而，当我们将这些面向“粉丝”的营销策略应用于非顾客时必须谨慎。有些营销人员错误地认为，只要重视现有“粉丝”，他们就会自动带来新顾客。这种策略可能适用于顾客相对固定的会员制餐饮店等，但对于大多数面向消费者的 B2C 制造商或商业公司而言，并不那么有效。

在社交媒体上关注品牌、发表正面评论、分享相关视频、积极参加品牌活动或加入品牌社区的人，我们称之为“粉丝”。这些人本来就喜欢品牌，具有较高的忠诚度。因此，他们才会关注品牌的社交媒体，加入“粉丝”社区。

“粉丝”的合理性

因为喜欢品牌而购买→关注品牌的社交媒体或加入“粉丝”社区

那么，营销人员希望满足“粉丝”的期待来加深他们对品牌的喜爱，比如加强社交媒体互动或组织“粉丝”活动。在这个阶段，营销人员的合理性和“粉丝”的合理性相一致，形成了一种互惠互利的关系。

- **营销人员的合理性**

  加强社交媒体互动和“粉丝”社区建设→加深“粉丝”对品牌的喜爱

- **“粉丝”的合理性**

  更加喜爱品牌→进一步参与社交媒体或“粉丝”社区活动

对此，部分营销人员产生了更多期待：通过加强社交媒体的互动，扩大活动和社区影响力，能否吸引非用户或轻度用户成为品牌的忠实“粉丝”?

- **营销人员的合理性**

  加强社交媒体互动和“粉丝”社区建设→激发非顾客对品牌的喜爱

然而，实际情况没有这么简单。在“粉丝”群体中，“喜欢品牌”确实会诱发“购买品牌”的行为，但这一逻辑在非顾客中并不适用。即便几个变量在某些群体中已被证明相关性强，其中的因果关系也不能推理到其他群体中。“粉丝”之所以成为“粉丝”，是因为他们已经对品牌有好感。因此，如果营销人员对他们进行问卷调查，询问“是否对‘粉丝’社区建设或专属活动等（‘粉丝’服务）感兴趣”“‘粉丝’服务是否会促使他们购买”，答案通常是肯定的。

可是，这并不足以证明“粉丝”服务同样能吸引非顾客。例如，喜欢钓鱼的人可能对天气预报十分敏感，但这并不意味着原本对钓鱼不感兴趣的人在看了天气预报后会突然对钓鱼产生兴趣。

这就是所谓的罗瑟·瑞夫斯谬误，一个早在半个多世纪前就被认识到的错误。这个问题至关重要，需要进一步阐明。如图 4-24 所示，“粉丝”群体中存在“喜欢品牌”这一混杂因子，使得“‘粉丝’服务→购买品牌”的因果关系成立。此时，数据仅记录了“粉丝”服务会增加品牌购买量这一现象。如果仅观察这部分数据，营销人员可能会误以为这一关系同样适用于非顾客。但实际上，由于非顾客群体中缺乏“喜欢品牌”这一因素，该因果路径不复存在，导致“‘粉丝’服务→购买品牌”的相关性在非顾客中并不显著，也就是说，这些服务对非顾客而言没有效果。

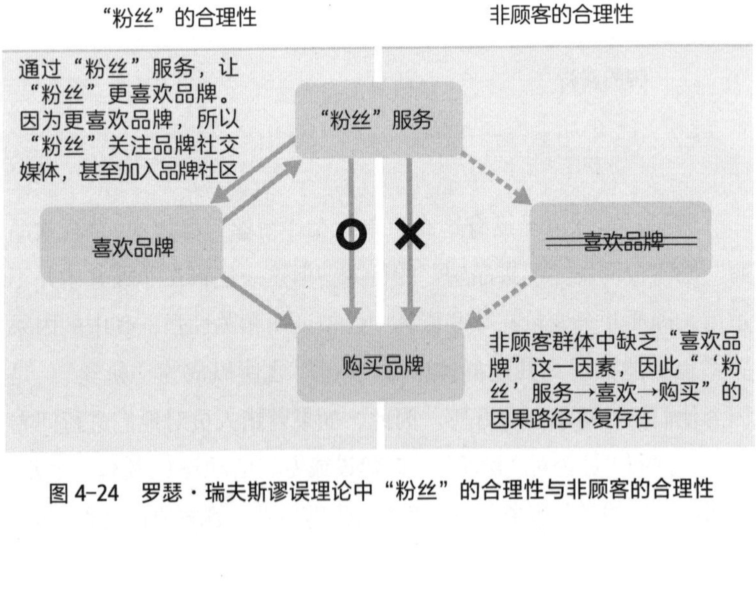

图 4-24　罗瑟·瑞夫斯谬误理论中“粉丝”的合理性与非顾客的合理性

“粉丝”往往更容易注意到品牌的广告，营销人员也更容易注意到“粉丝”。对于那些在社交媒体上发布正面评论或视频的狂热“粉丝”，营销人员可能会误以为他们代表了所有顾客。请回想一下在第 1 章和第 3 章中提到的负二项分布，市场的主体实际上是非顾客。正如前文所述，“粉丝”的视角与非顾客的视角存在很大差异。

罗瑟·瑞夫斯也是提出独特销售主张（unique selling proposition，USP）这一重要概念的资深广告人。他提醒我们应当冷静地评估各种方法的有效性，根据特定目标来判断哪些方法有效，哪些方法不适用。

关注“顾客”，而非“方法”

通常来说，接受过正规大学教育，或者通过阅读书籍、参加研讨会等途径学习营销的人，更习惯用“X（理由）引发 Y（购买行为）”的模式思考营销策略。这是因为他们所接触的教材和课程大多遵循“理由→行为”的逻辑。

遵循“理由→行为”逻辑的营销策略示例

- 培养顾客对品牌的好感，促进销售
- 明确展示品牌与竞争对手的不同之处，促进销售
- 加强品牌与顾客之间的联系，促进销售
- 提升顾客对品牌的忠诚度，促进销售
- 增进顾客对企业愿景的共鸣，促进销售

- 传达企业对可持续发展目标的承诺，促进销售
- 提升品牌形象、赢得顾客信任，促进销售

每年都有新的营销策略和商业解决方案问世，它们往往基于“采取 X（措施）就能提升 Y（销量）”的逻辑而制定出来。将“X 视为原因，Y 视为结果”可能听起来颇具科学性，但众所周知的理论并不一定正确，广泛使用的方法也不一定有效。

要真正确认不同措施的效果，基本上需要实施 RCT（随机对照试验）。将研究对象随机分组，对不同组实施不同的干预，以对照效果的不同。2019 年诺贝尔经济学奖颁给了致力全球减贫研究的经济学家，也使 RCT 这一方法得到广泛关注。想必不少人对此并不陌生。在营销中实施完整的 RCT 比较困难，因此需要利用统计模型探索因果关系，或者对数据进行调整，使其接近 RCT 的数据。总之需要花费大量的时间和金钱。正因为如此，许多市场营销人员才那么期待“X 能够推导出 Y”，许多营销方法也仍旧围绕咨询顾问的推销建议展开。

正如我们之前讨论的，想要吸引非用户或轻度用户，并不能基于明确的因果关系。即使某种方法在业界流行，或者被其他营销人员采用，也并不意味着它同样适用于你的品牌。我们经常会遇到“即使实施了 X，Y 也没有变化”的情况。因此，我们应更多地关注顾客本身，而非依赖特定的营销方法。

让我们换个角度看问题。极端地说，从商业角度来看，只要顾客完成购买行为就够了，企业没有必要深究其购买动机。对企业而言，重要的是促成“对品牌有益的行为”，比如让顾客购买和使用产品。因此，与其间接地考虑如何让顾客喜欢品牌，然后购买更多产品，不如直接思考如何让顾客多使用自家品牌的产品。

你可曾有过这样的经历：在打扫房间或整理办公桌后会感到精神焕发，思维也变得格外清晰。我们经常说：“房间的凌乱映射了心情的混乱。”在你的房间杂乱时你可能对这句话感受不深，但在打扫之后，你便深有体会。当房间干净整洁时，你的心情会变得舒畅（行为的结果），因此你会在接下来的时间里更勤于收拾垃圾，整理书籍、文件（采取下一个行动）。你会意识到：整理房间确实很重要，凌乱的房间的确影响心情。图 4-25 展示了这一现象。

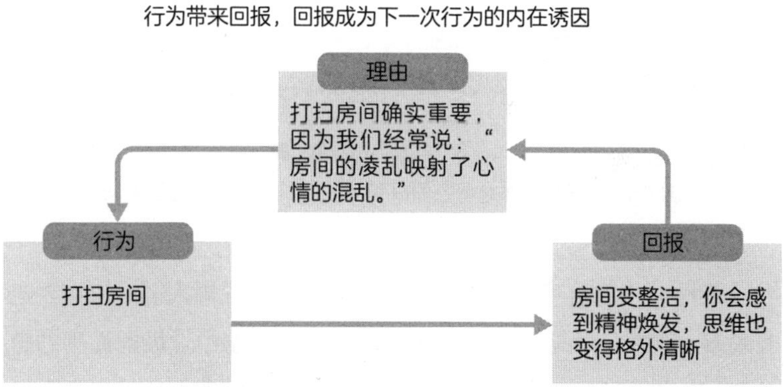

图 4-25　打扫房间的行为、理由和回报

这里形成了一个反馈循环：行为带来回报，回报成为下一次行为的内在诱因。通过这个循环，行为和理由之间的联系得到了加

强，本人也更容易认识到这种联系。因此，如果你问一个人："为什么要打扫房间？"对方可能会回答："因为房间的凌乱映射了心情的混乱。"前文说过消费者会为自己的行为找到理由，这种循环正是该现象的根源。

我们也可以利用这个循环来促进或强化行为的改变。例如，英国伦敦的"别让垃圾桶超载，分类回收更整洁"宣传活动就展示了这一点。

如果要设计一个宣传垃圾回收的广告，你会考虑怎样的广告策略？许多人可能会想到展示生物和环境因污染而遭受的严重损害，并提出"从今天起、从我做起"的倡议。这样的广告旨在提升公众的环保意识，从而鼓励更多人参与垃圾回收活动（见图 4-26）。

图 4-26　提高环保意识与积极参与垃圾回收活动之间的关联

然而，伦敦这项宣传活动的主办方并没有说服人们"应该要进行垃圾回收"，而是着眼于"如何让人们保持家中垃圾桶周围的整洁"。当家里只有一个垃圾桶时，各种瓶瓶罐罐等小垃圾就容易堆积在周围。那么，解决这个问题的方法就是再放一个垃圾桶。因此，"别让垃圾桶超载，分类回收更整洁"活动的宣传信息是呼吁人们"再放一个垃圾桶"。[25]

这个宣传的巧妙之处在于，它不是试图通过改变人们的思维方式和价值观来改变行为，而是专注于营造一个易于触发行为的环境。传统的宣传点，如“为了保护环境和生物，请进行垃圾分类”或“我们有责任保护环境，因此应该进行垃圾回收”，往往需要人们先理解原因，再采取行动。也就是说，人们需要分两步才能改变行为。

相比之下，“再放一个垃圾桶”的方法则更为简单。当有两个垃圾桶时，人们很自然地就会开始进行垃圾分类。这样做的直接回报是“避免了被朋友或邻居看到家里杂乱无章时的尴尬”（见图 4-27）。这种正面的反馈进一步促进了持续的垃圾回收行为。换句话说，增加一个垃圾桶成了行为经济学中的一种“助推”因素，有效地促进了人们行为的改变。

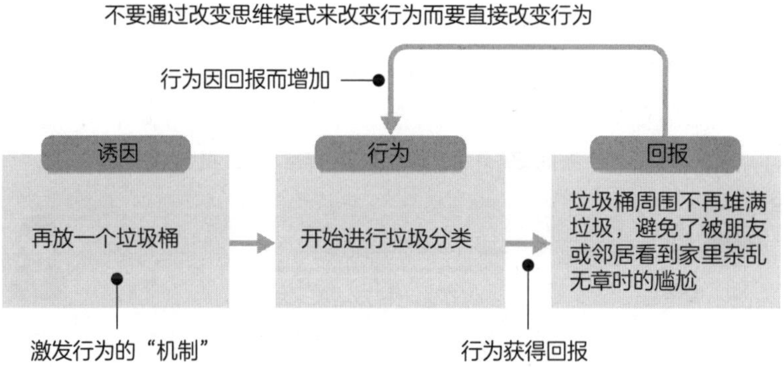

图 4-27　直接改变行为的诱因、行为、回报

从促进消费行为的角度设计营销策略

若想让原本对你的产品不感兴趣的人购买你的产品，与其尝试

通过说服或引起共鸣来影响他们，不如采取一种策略——“让品牌自然地融入非顾客固有的行为或习惯中”。这一策略的关键在于不要试图改变顾客来促使他们购买产品，而是在顾客行为保持不变的前提下，选择一个他们固定的习惯或行为，使之与品牌紧密结合。

此时，可以重点关注以下两点来设计营销策略。

1. 对非顾客而言，这种行为属于什么固有行为模式？他们要实现的目标又是什么？
2. 如何增加这种行为发生的频率？

企业自然希望增加顾客购买和使用品牌的频率，但这是企业的目标，不是顾客的目的。顾客的终极目标始终是完善自我、改善生活，而品牌只是达成这一目标的工具。因此，促进顾客购买的策略也应有助于顾客实现自己的目标（见图 4-28）。

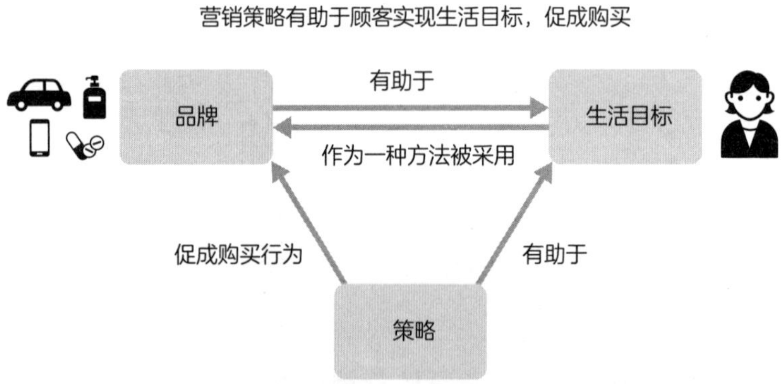

图 4-28　营销策略的作用

我们要从顾客的视角先确定他们的目标是什么。以伦敦的垃圾回收活动为例，如果主办方确立的目标是“改善地球环境”，那么宣传“保护地球和生物”理论上足以激发大众参与垃圾回收的积极性。然而，对大多数人而言，“改善地球环境”这一目标过于宏大，不易转化为他们自己的目标。即使他们想要改善环境，日常关注的还是自己身边的环境。对于大多数人来说，参与垃圾回收更多地是为了改善自己的居住环境，而非直接改善地球环境。因此，与“保护地球”的宣传语相比，着重于“改善自己居住环境”的广告文案，如“别让垃圾桶超载，分类回收更整洁”，更能引起大众的共鸣。

目标：改善地球环境

→ ○ **保护地球和生物**

目标：改善居住环境

→ × **保护地球和生物**

→ ○ **别让垃圾桶超载，分类回收更整洁**

正如第 2 章中提到的芝士蛋糕案例，对于商务人士而言，下班回家时在便利店购买芝士蛋糕的行为，并不是为了“明天继续努力工作”，而是为了“给今天画上完美句号”。因此，广告信息也应支持顾客“为今天画上完美句号”的目标。

目标：明天继续努力工作

→ ○ **明天也要加油**

目标：为今天画上完美句号

→ × 明天也要加油

→ ○ 在明天开始之前，先好好地结束今天

要激发原本对产品不感兴趣的人购买产品，关键在于识别品牌在他们生活中的意义，将顾客的目标与营销策略的目标在生活层面上进行统一。一旦明确了顾客的目标，营销策略中应传达的信息和格调就会变得明朗。简而言之，营销策略的作用在于支持非顾客实现他们的目标。

增加非顾客购买行为的营销策略示例：

- **为目标、行为和情境命名或贴标签**
- **对行为给予赞美和奖励**
- **提供有助于行为的信息**
- **代替顾客表达行为的艰难、不易和劳累**
- **描绘行为满足欲望的场景**
- **表示对美好行为或意义的共鸣**
- **提供便于行动的场所或活动**

以垃圾回收活动为例，主办方站在大众的角度，强调了“只有一个垃圾桶的话，垃圾容易堆积”这一情境的不便和垃圾分类的难度，于是将活动主题命名为“别让垃圾桶超载，分类回收更整洁”。如此一来，成功地促成了人们增设第二个垃圾桶的行为。

利用 ABC 行为分析进行定位

要促成品牌期望的行为发生，理解“ABC 行为分析”① 至关重要。ABC 行为分析阐述了某个行为由特定契机触发，其结果反馈给个人，并通过这种反馈对个人未来的行为产生影响（增强或减弱）的循环过程。本书多次提到这种循环结构。如果行为的结果对个人有益，行为就会增加，这被称为“强化”；反之，若结果不利，行为则会减少，这被称为“惩罚”。通常而言，个人不会意识到这一过程，然而，获得回报的行为更可能持续下去，未获回报的行为则可能逐渐消退。理解非顾客的行为，关键在于深入理解这一循环过程。营销人员不仅要考虑顾客行为发生的初始契机，还要探究他们的行为持续或间断的原因。

第 2 章中提到的芝士蛋糕案例包含了 ABC 行为分析中的哪些要素呢？一方面，在日间情境下，男士在工作时看到的广告激发了他对甜食的欲望，但“要考虑健康”的抑制因素又让他最终选择忍耐。然而，过去他肯定有过白天没忍住吃甜食的情况，当时的罪恶感可能正是形成此时抑制因素的一部分原因。图 4-29 展示了芝士蛋糕例子中的 ABC 行为分析。

---

① 在心理学和行为疗法领域，“ABC 行为分析”的核心是诱因（antecedent）、行为（behavior）、结果（consequence）三个要素。为了更好地将其应用于营销领域，本书将诱因定义为欲望，结果定义为回报。此外，传统行为疗法中的 ABC 行为分析主要关注行为本身，而不涉及认知因素。为了使该模型更贴合营销的实际需求，本书对其进行了扩展，增加了对认知因素的考量。

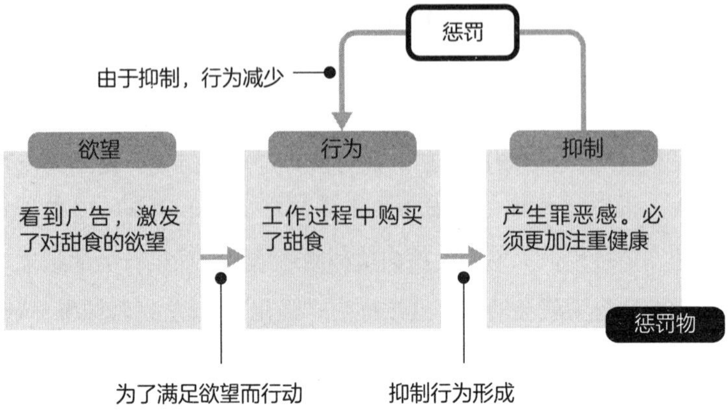

图 4-29　日间情境的 ABC 行为分析①：惩罚

在这个循环中，由于男士感受到了吃甜食后的罪恶感，相应的行为（工作中购买甜食）可能会减少，这种现象称为“惩罚”。导致行为减少的因素（例如罪恶感）被称为“惩罚物”。

随着这种循环的不断重复，男士白天购买甜食的行为将逐渐减少。

另一方面，夜间情境则有所不同（见图 4-30）。在这个循环中，通过获得“为一天画上完美句号”的回报，男士增加了产生这一回报的行为（例如购买冰激凌或红酒）。

换句话说，回报促进了行为的发生。增加行为的因素（如满足感）被称为“强化物”。

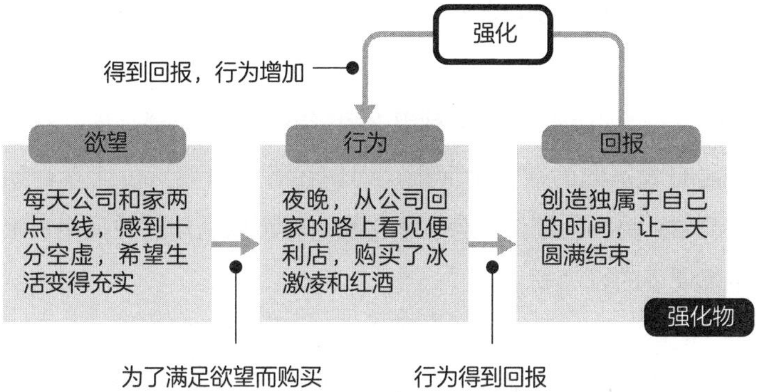

图 4-30　夜间情境的 ABC 行为分析②：强化

顾客形成了“白天不宜吃甜食，但晚上可以吃”的合理化思维，这一强化学习的过程已经建立，在一定程度上克服了罪恶感所带来的影响。因此，在与非顾客沟通时，顺应他们的行为逻辑，更易于定位品牌、开拓新的营销机会（见图 4-31）。

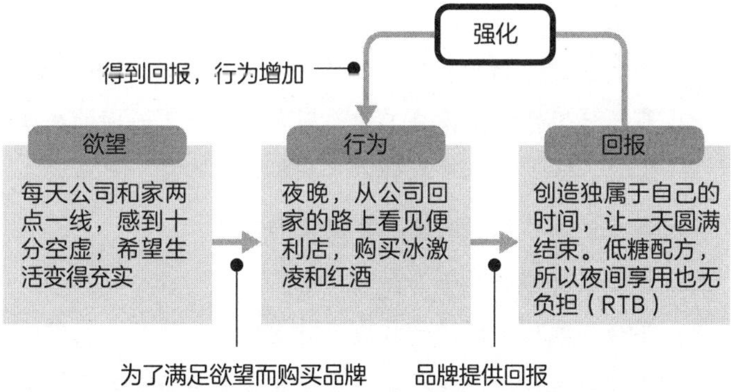

重点	通过在循环中定位品牌，顺应顾客的合理性，开拓新的营销机会

图 4-31　ABC 行为分析：对芝士蛋糕进行定位

通过行为分析强化行为

同一行为也可能受到多种因素的影响。也就是说，同一行为背后可能有着不同的欲望和回报。即使在某种情境下可能存在惩罚物，但如果另一种情境下存在强化物，就可以利用这种强化物来促成品牌期望的行为发生。

以芝士蛋糕案例来说，尽管在日间情境中存在惩罚物，但是利用夜间情境中的强化物，品牌就可以开拓新的营销机会。通过行为分析，能更有效地强化顾客的购买行为。

为了深入理解芝士蛋糕在夜间情境下的各种影响因素，品牌对不同顾客进行了访谈（部分内容如下）。

问：是否因为平时太忙，无法拥有自己的时间而感到空虚？

答：在我们这个行业，工作日无法拥有个人时间很正常。我已经习惯了工作日工作，周末享受个人时间的生活方式。既然工作日也做不了什么特别的事，我通常会直接回家休息。我更看重周末的时间。

问：你会在周末买芝士蛋糕吗？

答：不会。我周末沉迷于游戏，对饮食不太讲究。我常吃外卖或者速食。我不会特意让饮食变得多么丰富，除非和朋友约好一起吃饭。我在工作日倒是会买芝士蛋糕。

问：你通常在什么时候买芝士蛋糕？

答：每逢工作日电视剧集更新，我总是特别盼望着回家。我会准备一些下酒菜边吃边看。通常我会在便利店买些酒和零食，有时也会在甜品区买上一块芝士蛋糕。

问：晚上喝酒时，你会搭配芝士蛋糕一起享用吗？

答：是的。我偏爱红酒或威士忌苏打，但是最近我发现，芝士蛋糕与威士忌、红酒意外地适配。

问：你会特意去寻找芝士蛋糕购买吗？

答：不，我不会特意去寻找。在普通的工作日，我通常不会特意寻找蛋糕，只有看到的时候才会买。芝士蛋糕并不是随处可见，所以我只有在便利店偶然看到时才会购买。

利用行为分析制定营销策略的步骤如下，请按顺序进行操作。

1. 通过观察顾客行为或进行顾客访谈，构建替代模型；
2. 明确对品牌有益的行为及接触点；
3. 识别能促进品牌期待行为的因素和阻碍因素；
4. 制定增强促进因素、减少阻碍因素的营销策略。

通过观察顾客行为或进行顾客访谈，构建替代模型

首先，通过顾客访谈构建一个替代模型，并确定接触点中涉及的影响因素。图 4-32 展示了这一模型。

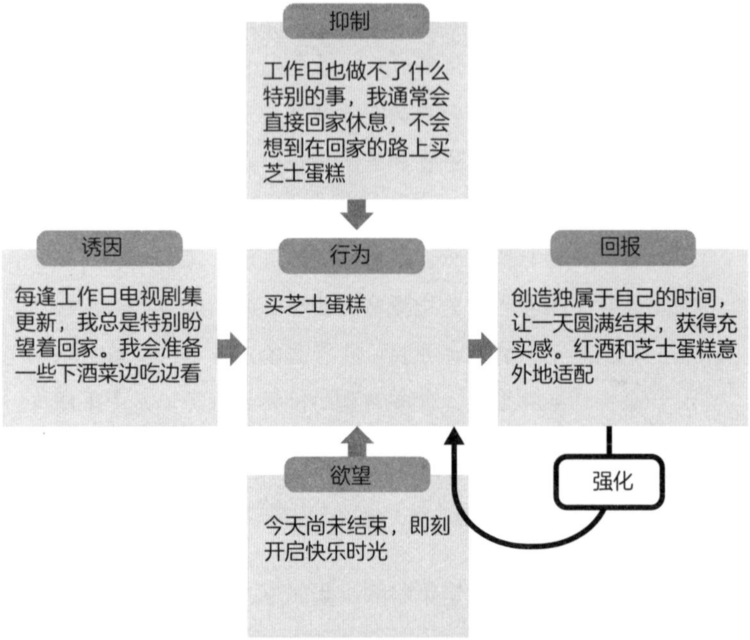

图 4-32　工作日情境的行为分析（多重因素）

明确对品牌有益的行为及接触点

接下来，让我们考虑如何增加有助于提高品牌购买率的行为。从受访者“工作日工作，周末享受个人时间”的表述中可以看出，他将一周分成“工作日”和“周末”两个部分。

因此，在工作日里，可能存在扩大营销机会的空间。通过确认“我在工作日倒是会买芝士蛋糕”这句话的背景，我们会发现，受访者购买芝士蛋糕的诱因在于“每逢工作日电视剧集更新，我总是特别盼望着回家”，以及“我会准备一些下酒菜边吃边看”。以上诱因使芝士蛋糕成了他工作日娱乐时的必备美食。

然而，受访者也提到“工作日也做不了什么特别的事”，这暗示了一种忍耐工作和放弃娱乐的情绪。结合“工作日工作，周末享受个人时间”以及“每逢工作日电视剧集更新，我总是特别盼望着回家”的表述，我们可以推测，他的内心可能还是希望在工作日也能享受一些乐趣。因此，在工作日的夜晚，他可能会有一种期待——“今天还没结束，接下来会有愉快的时光”。

基于这些分析，我们可以确定一个接触点——享受工作日的夜间时光。顾客购买芝士蛋糕的行为可能只是这一体验的一部分。因此，营销策略的目标应该是增加顾客在工作日夜间享受生活的频次，并将这种行为与芝士蛋糕联系起来。

识别品牌营销的促进因素和阻碍因素

接下来，需要识别并分析促进顾客享受工作口夜间时光的因素和阻碍这种行为的因素。明确了这些因素之后，我们便能制定策略来促进这种行为的发生。请按照以下问题重新阅读前文的访谈内容。

- 为了享受工作日的夜间时光，顾客采取了哪些行动？
- 为了享受工作日的夜间时光，顾客使用了哪些产品？
- 哪些因素促进了顾客享受工作日的夜间时光？
- 哪些因素阻碍了顾客享受工作日的夜间时光？

- 有哪些因素妨碍了顾客在“享受工作日的夜间时光”时选择芝士蛋糕?

为了“享受工作日的夜间时光”，采访者选择观看电视剧，他选择购买的是红酒和芝士蛋糕。其他非顾客可能有不同选择，但我们先专注于这位采访者的情况。

对这位顾客来说，促使他“享受工作日的夜间时光”的因素是享用红酒或威士忌苏打与芝士蛋糕时的愉快体验。这是一个强化因素。

相反，阻碍因素是“工作日也做不了什么特别的事，早点回家休息更好”的观念。尤其妨碍他购买芝士蛋糕的因素是“没有在下班途中购买芝士蛋糕的想法”，其中可能还包括“在常去购物的便利店找不到芝士蛋糕”，以及“下班路上没有想到哪里可以买到芝士蛋糕”等现实上的阻碍。

制定旨在促进品牌期望行为的策略并减少阻碍这类行为的因素

根据上述分析，来探讨一下具体的营销策略。营销策略的核心目标是增加顾客在工作日夜间享受生活的频次，并将其与芝士蛋糕联系起来。我们可以考虑从两个方面入手：一是减少阻碍，二是强化回报。

减少阻碍品牌期望行为的因素（抑制）有：

- 为了改变顾客“工作日也做不了什么特别的事，早点回家休息更好”的观念，我们可以创建一个专门的品牌网页，介绍工作日夜间的娱乐项目（包括地点、大众评价等信息）。也可以与餐馆、咖啡厅合作，在这些场所提供芝士蛋糕的免费样品或便携包装，以此提高芝士蛋糕在消费者工作日夜间活动中的曝光度。
- 为了解决顾客“没有在下班途中购买芝士蛋糕的想法”这一问题，我们可以在车站内开设体验店，专门售卖红酒与芝士蛋糕。店铺以“享受工作日夜间时光”为主题，提高产品的曝光度和易获得性。此外，还可以在车站大厅设置临时的小型店铺，提供季节限定红酒和芝士蛋糕套餐。

强化能够促进品牌期望行为的因素（回报）有：

- 为了强化“芝士蛋糕和红酒意外地适配”这一概念，我们可以开展推广活动，加强红酒与芝士蛋糕之间的联系。推广活动中提供多种芝士蛋糕选择，如半熟芝士蛋糕或极致浓郁的芝士蛋糕等，并且推荐消费者将之与红酒、威士忌、白兰地等酒品搭配食用并介绍方法，从而促进产品间的交叉销售。

这些营销策略创意应整合到替代模型中（见图 4-33）。

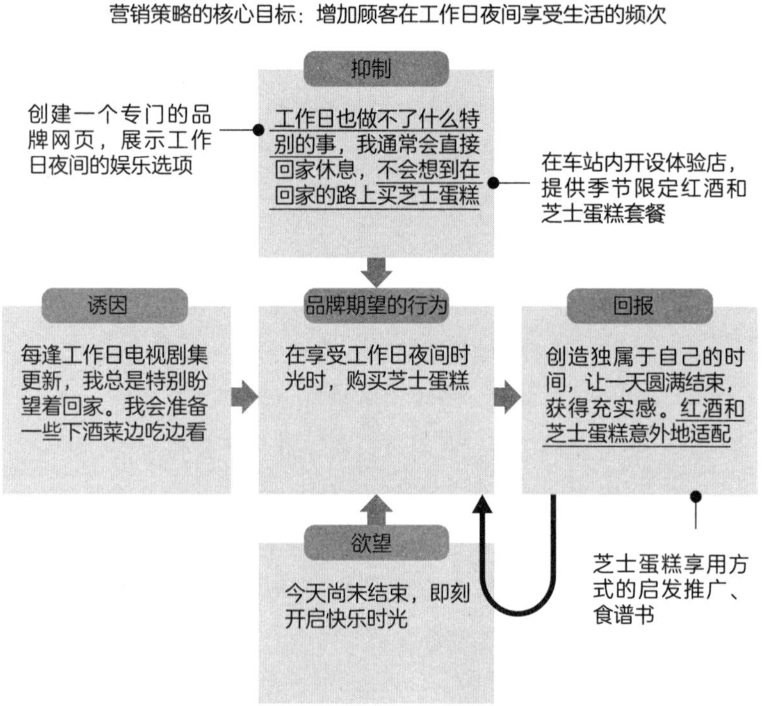

图 4-33　增加促进因素、减少阻碍因素的策略

从 0 到 1 的新获客案例

“火锅底料”旨在吸引非顾客

味滋康（Mizkan）股份有限公司田中保宪

味滋康的火锅底料系列在同类市场销售额排名中长居第一，其中很受欢迎的产品是“〆始终美味的火锅底料”系列。

火锅是一种可以自由添加食材的美食。火锅底料需要满足以下条件：无论加入哪种食材、加多少食材，甚至在食物变冷后，我们吃的每一口食物都鲜美可口。

“α始终美味的火锅底料”系列通过精心设计调味，将品尝过程细分为3个阶段：首先是入口时的“初味”，然后是咀嚼食材时的“中味”，最后是吞咽后的“后味”。这种匠心独运的设计理念确保了火锅食用过程中的美妙体验。众多商店将其摆放在显眼位置。有一个简单的吸引非顾客的模式：因为天气寒冷，想吃火锅，所以在商店的显眼位置看到火锅底料后会购买。然而，要吸引顾客再次购买火锅底料，“始终美味”的特点将发挥关键作用。

- 诱因：天气寒冷，想吃火锅。
- 行为：在商店看到味滋康的火锅底料，便随手拿起；仔细一看，发现包装上写着“α始终美味”，于是决定尝试它推荐的做法。
- 回报：对整个用餐体验非常满意，对该产品的整体印象非常好。
- 欲望：期待再次体验那令人难忘的美味。
- 下一步行动：记住味滋康α的标志，尝试不同口味的火锅底料。

火锅底料的需求通常在秋冬季节达到高峰。但在泰国、越南等地区，即使在炎热的天气，人们也喜欢享用热气腾腾的食物。我们认为，这种“因为天气热而想吃热食，出汗后感到爽快”的观念在日本同样存在。因此，我们计划利用“始终美味的泡菜火锅底料”等产品，在春、夏季节开拓新的火锅市场，吸引新的非顾客。

第 5 章

重新诠释品牌，打动非顾客的成功案例

与其追求难以察觉的
“差异性”，
不如思考如何让消费者
“不假思索”地做出选择。

本章中，我们将运用之前学到的知识，探讨如何对各种商品和服务进行重新诠释。

我设计了5个营销课题，分别通过漫画形式[①]来描述非顾客的故事，帮助读者理解接触点的情境。接下来，我们将通过以下4个步骤对品牌进行重新诠释，以吸引非顾客。

1. 制作替代模型
2. 行为分析
3. 重新诠释品牌利益
4. 重新构建品牌

本书第5章中，我将详细解释在重新诠释品牌后进行“替代模型检验”的重点。

① 漫画内容是对非顾客的访谈，在实际工作中营销人员可直接分析访谈内容。

厨房清洗剂，拓展产品应用场景

这是一个探讨如何扩大厨房清洗剂使用场景的案例。该品牌以“从水槽到墙面不留死角，一喷即净”为营销卖点，目标非顾客是一位在家兼顾育儿和工作的女作家。场景设定在她的家里，时间设定在早晨。假设你是这款厨房清洗剂的营销负责人，请思考如何重新诠释品牌，使之与接触点相契合。

制作替代模型

该情境案例的核心是“早晨轻松打扫厨房”这一行为。品牌方若想扩大产品的营销机会，目标应是增加这一行为的发生频率。先将情境转化为替代模型。本案例的关键在于识别非顾客的真实需求。从“喜欢清晨悠闲的时光，感觉自己和家里都焕然一新”这句话可以推测，非顾客可能平时忙于工作和家务，无暇顾及个人感受。换句话说，她可能因工作、育儿和家务而忙碌不已。因此，我们可以推断她有一个隐藏欲望——“希望能有更多时间来关心自己”（见图 5-1）。

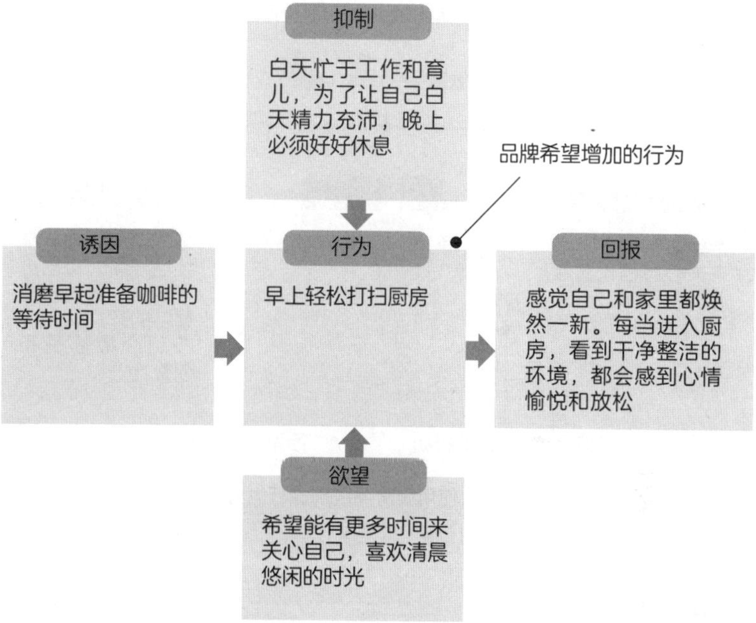

图 5-1　厨房清洗剂的替代模型（重新诠释前）

行为分析

接下来，要确认非顾客的欲望、行为、回报。这位女士“希望能有更多时间来关心自己，喜欢清晨悠闲的时光”，这促使她采取了“早晨轻松打扫厨房”的行为，而这一行为带来的回报是“每当进入厨房，看到干净整洁的环境，都会感到心情愉悦和放松”。这种回报满足了她的欲望，因此可以看出它作为强化物，在增加品牌期望的行为方面发挥了作用。那么，营销的关键就在于加强这种回报与品牌之间的联系，形成一个积极的因果循环（见图 5-2）。

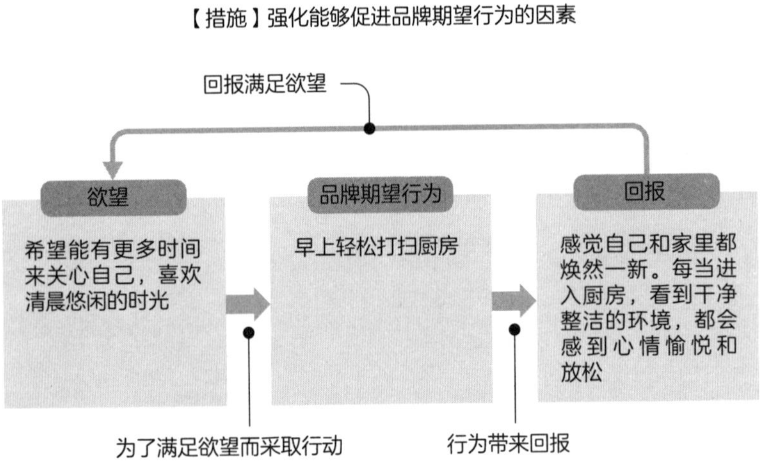

图 5-2　使用厨房清洗剂的行为分析

重新诠释利益

接着，可以将品牌特点（从水槽到墙面不留死角，一喷即净）与顾客回报结合起来，以创建品牌利益。这时要特别关注回报中的“感觉焕然一新”和“每当看到厨房干净整洁，心情都很愉悦”等反馈。“感觉焕然一新”传达了顾客对新一天的期待。而“每当看到厨房干净整洁，心情都很愉悦”则表明厨房就像这位女士的一个休憩地，在工作和育儿的间隙，起到了调整心情、保持活力的作用。

换言之，早晨的厨房清洁不只是家务的一部分，它更像是启动新一天的重置按钮，是这位女士在繁忙的工作和家务中仍能享受生活的一种方式。因此，我们可以将品牌的利益表述为“一瓶即可，轻松重置厨房，只需早晨轻轻一喷，厨房立刻让您心情愉悦”（见图 5-3）。

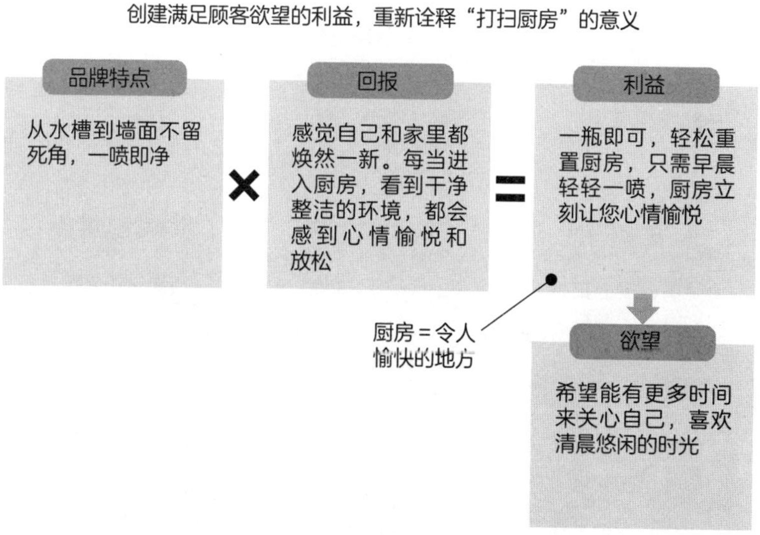

图 5-3　厨房清洗剂为顾客创造的品牌利益

重新构建品牌

最后，将创建的利益整合到回报部分，制作如图 5-4 所示的替代模型。与图 5-1 相比，这个模型有两个主要区别。首先，品牌与欲望—行为—回报（利益）之间形成了循环。其次，我们添加了重新阐释后的诱因。在图 5-1 中，诱因是“消磨早起准备咖啡的等待时间”，而在图 5-4 中，诱因变成了“消除前一天饭菜残留的气味、调料和明显的油渍”，这与“每当进入厨房，看到干净整洁的环境，都会感到心情愉悦和放松”的回报形成了对比。通过在情境故事中设置这种对立结构，厨房从“令人厌倦的地方”转变为“令人愉快的地方”，顾客经过情感的强烈反差获得更大的心理回报。

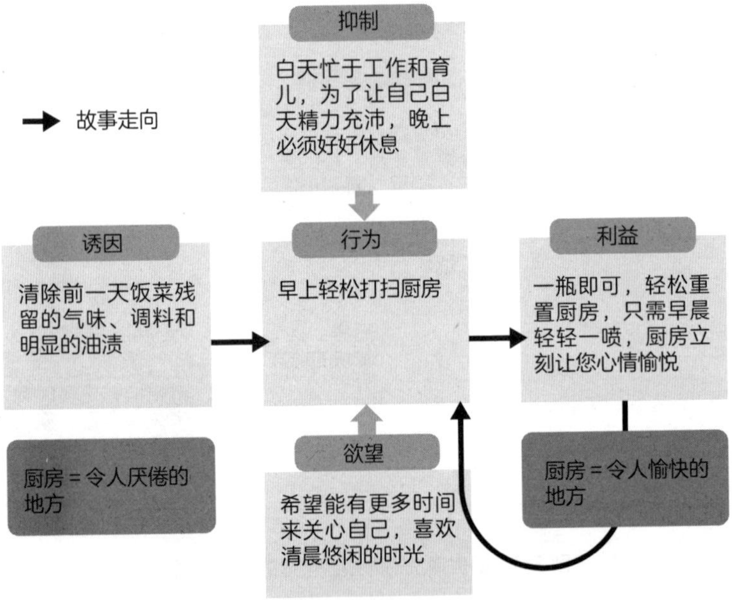

图 5-4　厨房清洗剂的替代模型（重新诠释后）

求职网站，重新诠释信息以提高转化率

接下来，让我们来看一个人力资源公司运营求职网站的案例。该网站的特色在于能够评估企业与求职用户的匹配度，并且结合评分，通过直邮的方式每周向用户推荐与其价值观和工作方式相契合的企业列表。该案例的主人公是一位 30 多岁的公司职员。

制作替代模型

午休时，这位用户忽然想到“我应该考虑换工作以获得晋升”。此时的替代模型可能如图 5-5 所示。尽管他正在浏览不同企业的信息，但似乎尚未提交任何求职申请。

对于提供服务的人力资源公司而言，用户申请职位是转化过程的第一步，因此需要引导这类非顾客采取行动。

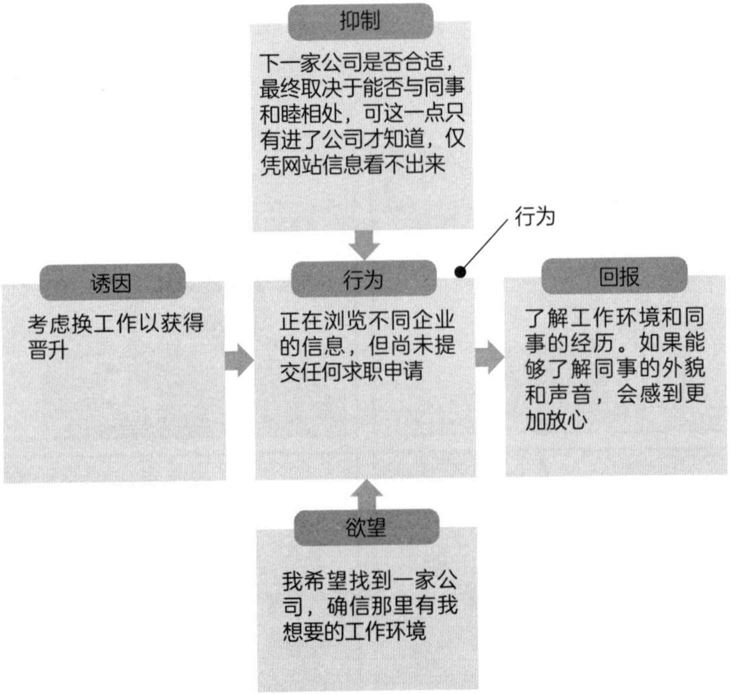

图 5-5 求职网站的替代模型（重新诠释前）

行为分析

观察用户行为前后的情境，会发现他为了寻找稳定的工作，正在浏览不同企业的信息。鉴于他阅读了大量关于职场氛围和员工访谈的内容，可以推测他认为“了解同事的外貌和声音会更加安心”。这种回报促使他在网上浏览了更多的公司信息，但尚未提交求职申请。这可能是因为他担心“下一家公司是否合适，最终取决于能否与同事和睦相处，可这一点只有进了公司才知道，仅凭网站信息看不出来”（见图 5-6）。

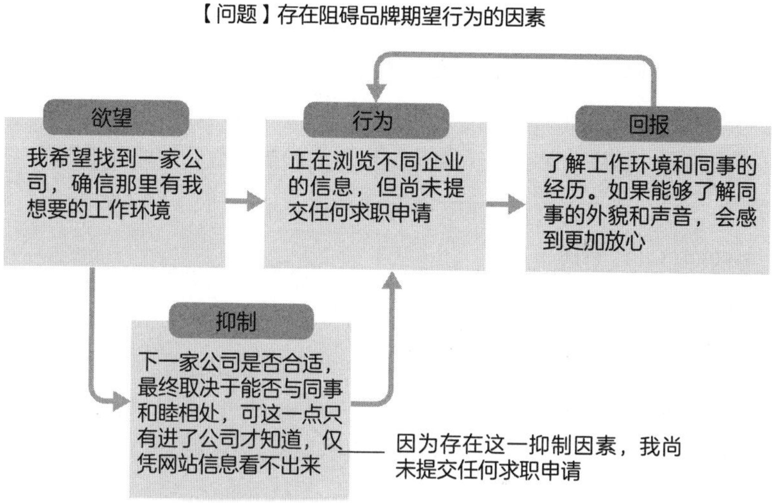

图 5-6　求职的行为分析

重新诠释品牌利益

人力资源公司希望减少非顾客的顾虑，从而提高用户的求职申请率。那么，如何重现诠释服务特点，才能提出减少顾虑的好处呢？该求职网站通过问卷调查了解企业的工作方式和价值观，并结合用户的问卷评分，每周通过直邮的方式向用户推荐与其需求相匹配的企业列表。

但这个系统略显复杂，哪种诠释方式才能真正提升服务的吸引力呢？

从案例中用户对了解“工作环境和同事的经历”“同事的外貌和声音”和“是否能与同事和睦相处”等方面的需求，可以看出此人更看重人际交往而非公司和工作内容。

这位非顾客更倾向于通过了解未来同事来选择工作，信息搜索也以人际关系为中心开展。因此，人力资源公司可以将顾客利益重新诠释为“找到与个人价值观和工作方式相契合的上司或同事”，而不是“找到与个人价值观和工作方式相匹配的公司”。如此一来，服务的回报性就会增强。

通过这样的考察，我想到了一个利益切入点，那就是人力资源公司不要单纯强调职位匹配度和用户评分，而要强调“求职者可以通过与自己价值观相契合的上司或团队反向查找合适公司，避免工作方式上的不适应”。

此外，为了优化用户体验，人力资源公司可以考虑提供更多互动功能，如安排访谈来帮助用户了解未来上司或同事，或者建立一个面对面交流的机制（见图 5-7）。这样的服务设计可能比传统的通过直邮发送企业列表更有效。

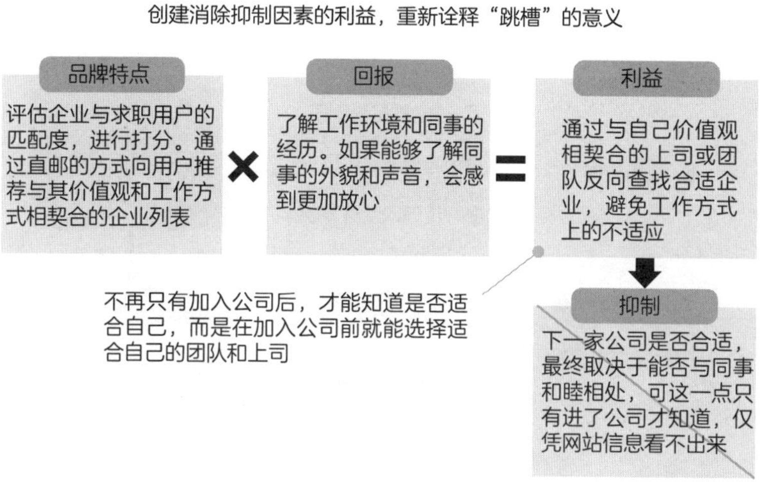

图 5-7　求职网站的顾客利益

重新构建品牌

接下去，将重新诠释后的顾客利益（求职者可以通过与自己价值观相契合的上司或团队反向查找合适公司，避免工作方式上的不适应）整合到替代模型中（见图 5-8）。与最初的替代模型（见图 5-5）相比，用户对“跳槽”的认知已经从原本“跳槽是只有加入公司后才能知道是否适合自己的游戏”转变为“跳槽是在加入公司前就能选择适合自己的团队和上司的游戏”。这种转变符合用户“基于同事关系选择工作”的合理需求，满足了他“希望找到一家公司，确信那里有自己想要的工作环境”的愿望，从而激发他在网站上提交申请的意愿。

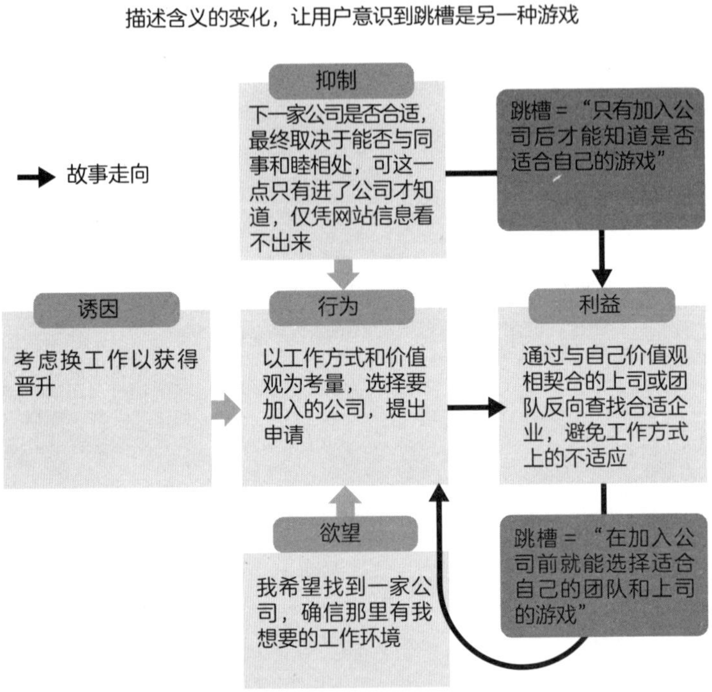

图 5-8　求职网站的替代模型（重新诠释后）

豆制食品，定位新产品，创造新的行为习惯

我们接下来探讨如何为一款新型大豆食品做品牌定位。这款产品的特色在于“减少糖分的同时，提供丰富的纤维素和蛋白质”。案例的主人公是一位 30 多岁的男性，他为了减肥开始健身。

制作替代模型

在实际的行为观察或访谈中，顾客往往很少描述他们的需求和期望的回报，因此营销人员需要根据情境中的事实进行推断。考虑到这位男士在健身期间对饮食选择的困扰和关切，他可能期望“即使在健身期间，也能有更多食物和料理的选择”。

因此，如图 5-9 所示，替代模型的情境核心是“暂时选择西蓝花和鸡胸肉”的行为。虽然西蓝花和鸡胸肉是减肥和健身期间的理想选择，但如果每天食用，人们必然会吃腻。品牌生产商可以在这一点上寻找商机。

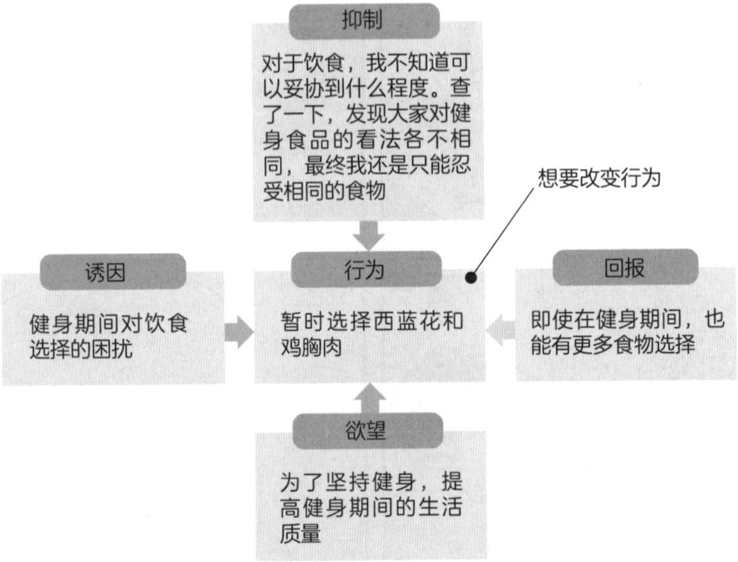

图 5-9　豆制食品的替代模型（重新诠释前）

行为分析

在之前的案例中，行为带来的回报满足了顾客的欲望，从而增加了品牌期望行为的发生。然而，在本案例中，行为并未带来相应的回报。因此，这位非顾客的欲望“为了坚持健身，提高健身期间的生活质量”并未得到满足，他只能继续不情愿地选择西蓝花和鸡胸肉。

这种循环的产生，是这位非顾客在饮食上的抑制因素所致，“对于饮食，我不知道可以妥协到什么程度。查了一下，发现大家对健身食品的看法各不相同，最终我还是只能忍受相同的食物”。应该设计一个怎样的营销方案来消除这一抑制因素呢？图 5-10 展示了选择豆制食品的行为分析。

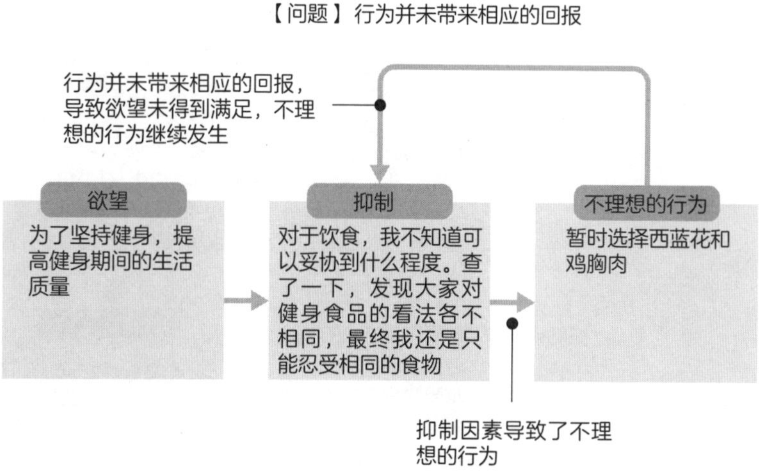

图 5-10　选择豆制食品的行为分析

重新诠释品牌利益

该豆制食品的特色在于“减少糖分的同时，提供丰富的纤维素和蛋白质”。在本案例中，重新诠释产品的关键在于强调“主食”这一点。主食不仅给人带来满足感，还能通过变换配料和小菜来增加其多样性。它在提供饮食多样性方面起到了“中心枢纽”的作用。

我们可以将这一视角与回报（即使在健身期间，也能有更多食物选择）相结合，就能知道顾客利益是“尽管糖分减少，但饮食多样性不受影响”“因为不必忍受单一的主食，减肥和健身更能坚持下去”。这个提议也有助于消除“只能忍受相同的食物”这一抑制因素（见图 5-11）。

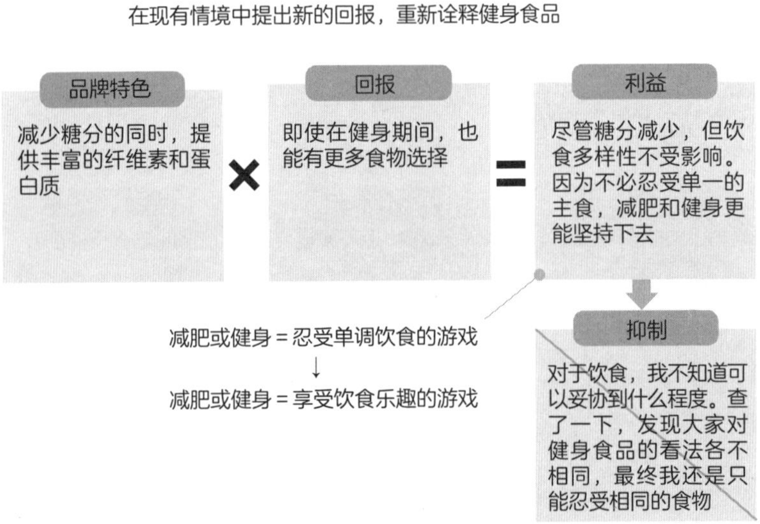

图 5-11　选择豆制食品的顾客利益

重新构建品牌

将重新诠释后的顾客利益整合到替代模型中，就形成了“欲望—行为—利益”的循环模式（见图 5-12）。为了满足“为了坚持健身，提高健身期间的生活质量”的欲望，非顾客会选择“适合健身和减肥的豆制主食”。这一行为带来的回报是“尽管糖分减少，但饮食多样性不受影响。因为不必忍受单一的主食，减肥和健身更能坚持下去”。这就能满足非顾客最初的欲望，形成“欲望—行为—回报”的循环。这一循环模式又在健身情境下成为新的接触点。

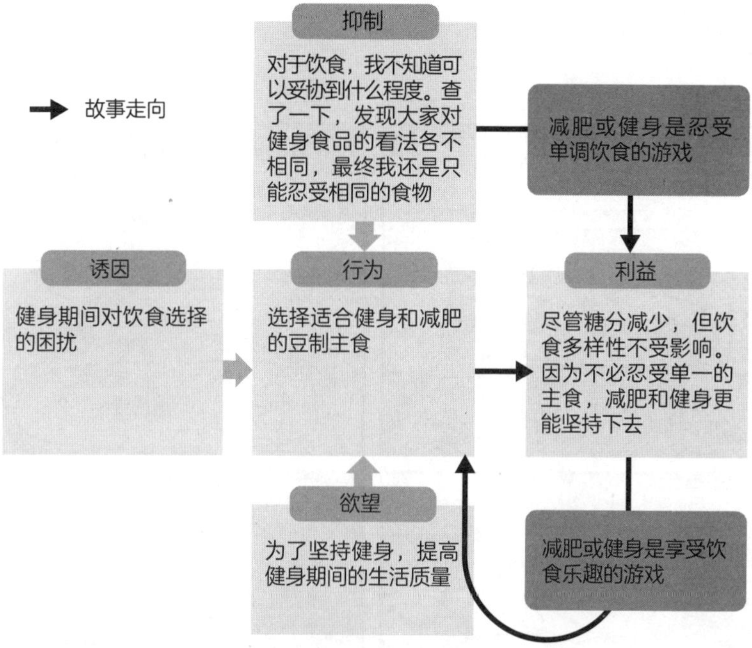

图 5-12　豆制食品的替代模型（重新诠释后）

智能家电，改变顾客行为习惯的新方案

我们接下来探讨如何推广使用智能家电的案例。这款智能家电可以通过应用程序控制照明和音乐播放。案例的主人公是一位 20 多岁的 IT 公司职员。

制作替代模型

通过分析该非顾客行为的前后关系，我们可以构建替代模型（见图 5-13）。在这个情境中，他的核心行为是“睡前用手机浏览互联网论坛或社交媒体”。

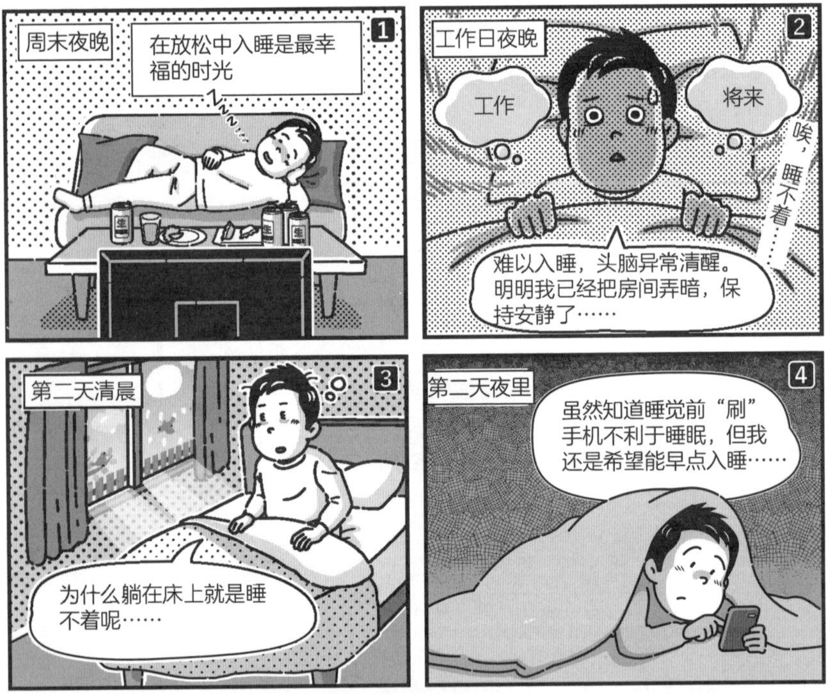

这位男士似乎因难以入睡而感到困扰，可是过度使用手机会干扰睡眠质量。因此，我们应利用智能家电的特性，提出改变这一行为的建议。

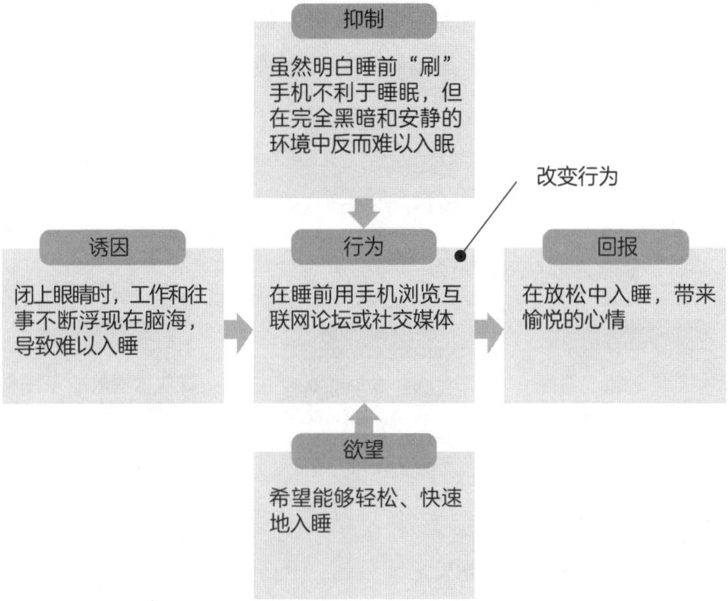

图 5-13　智能家电的替代模型（重新诠释前）

行为分析

对于这位男士而言，他在沙发上看电视时容易入睡，这一经验塑造了他的睡眠习惯。但是，当第二天需要工作时，他就不能长时间待在沙发上等待睡意来临了。因此，他尝试营造易于入睡的环境，比如在床上“刷”手机来等待入睡。心理学上，这种行为被称为“代偿行为”，意思就是人们在无法通过常规方式满足需求时，会转而采用替代方法。此外，这个案例中存在两个抑制因素。一是“睡前‘刷’手机不利于睡眠”的认知，另一个是“在完全黑暗和安静的环境中无法入睡”的困扰。这两个抑制因素使这位男士陷入了“双重束缚”[①]的困境，也就是说，他虽然明白睡前“刷”手机不利于睡眠，但在完全黑暗和安静的环境中反而难以入眠（见图5-14）。

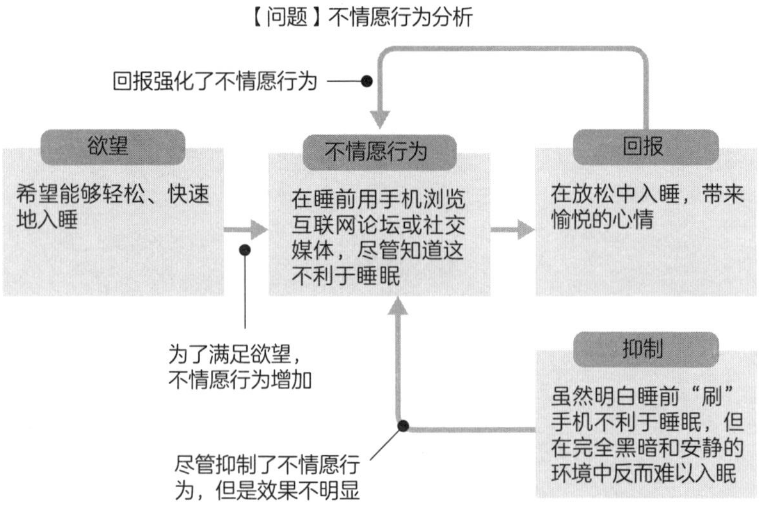

图 5-14　选择智能家电的行为分析

重新诠释品牌利益

针对面临睡眠困扰的非顾客，如何让智能家电产品发挥价值？一个最直接的提议是强调智能家电自动调节照明和音乐的功能，并传达“高质量睡眠至关重要”的信息。虽然这种功能上的建议是合理的，但可能不足以吸引非顾客。顾客更关注的是如何顺利入睡，而不仅仅是睡眠质量。

① 双重束缚指两个相互矛盾的规则同时存在的状态。

因此，提出“利用智能家电营造入睡的环境”可能更贴近非顾客的实际需求。例如，“适当的光亮和音乐有助于快速入睡”，这样的建议符合非顾客的需求，解决了他们的双重束缚困境（见图 5-15）。

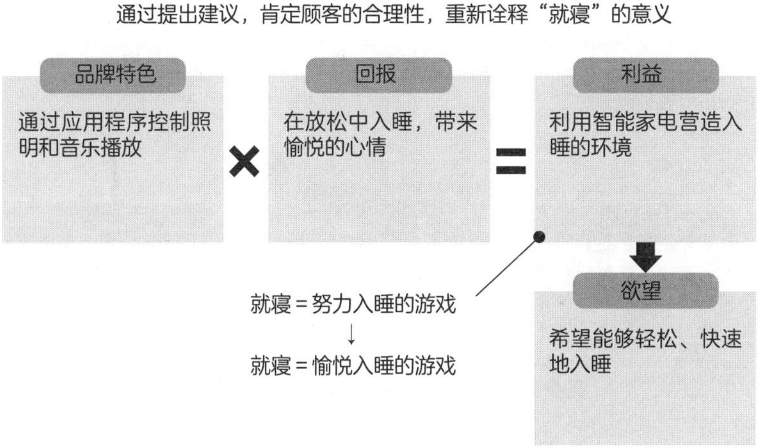

图 5-15　选择智能家电的利益

重新构建品牌

如图 5-16 所示，重新诠释后的替代模型展示了如何通过“利用智能家电营造入睡的环境”这一顾客利益来解决顾客的双重束缚困境，同时也提供了满足其需求的替代方案。这样的营销策略让顾客将“就寝”重新定义为“愉悦入睡的游戏”，而不是“努力入睡的游戏”。突出智能家电的特性，就可以促使顾客采取“开启灯光和音乐入睡”的行为。

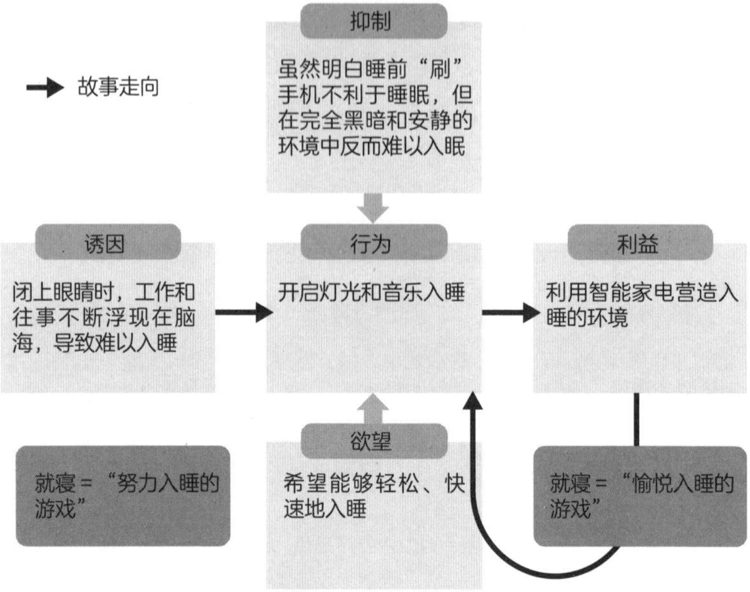

图 5-16　智能家电的替代模型（重新诠释后）

高性能吸尘器，结合购买者与使用者的合理性差异，制定沟通策略

在最后一个案例中，我们来探讨如何推广一款最新型号的高性能吸尘器。该品牌产品的特点是“小巧、无线、易操作、续航久，随时随地可用”。案例中的人物是一对 30 多岁的双职工夫妇。

制作替代模型

与通常的替代模型（行为导致积极后果，进而强化原有行为）不同，本案例展现了一种相反的模式：行为导致消极后果（如夫妻争吵），从而减少原有行为。我们在第 4 章中了解到，塑造行为有两种方法：一种是“强化”，它使原有行为增多；另一种是“惩罚”，它使原有行为减少。在本案例中观察到的是惩罚现象。强化将行为结果转化为“回报”，而惩罚则将其转化为“损失”。图 5-17 中的替代模型从丈夫的视角展示了诱因、欲望、行为和抑制，而损失则是从妻子的视角来观察的。

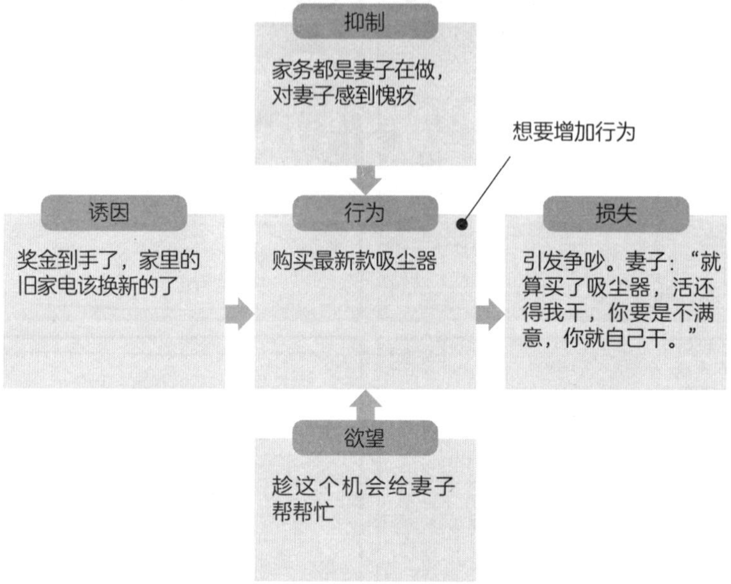

图 5-17　高性能吸尘器的替代模型（重新诠释前）

行为分析

在本案例中，丈夫出于好意购买了一台最新款吸尘器，却意外地引发了妻子的不满。你可能会疑惑，这究竟是为什么呢？其实，从妻子的角度来看，这个情境就是另一番面貌了。妻子对现有的吸尘器没有什么不满，也认为家中已足够干净。因此，当一台标榜"高性能"和"高效清洁"的吸尘器突然出现时，妻子可能误解为丈夫认为她目前的清洁工作做得还不够好（见图 5-18）。

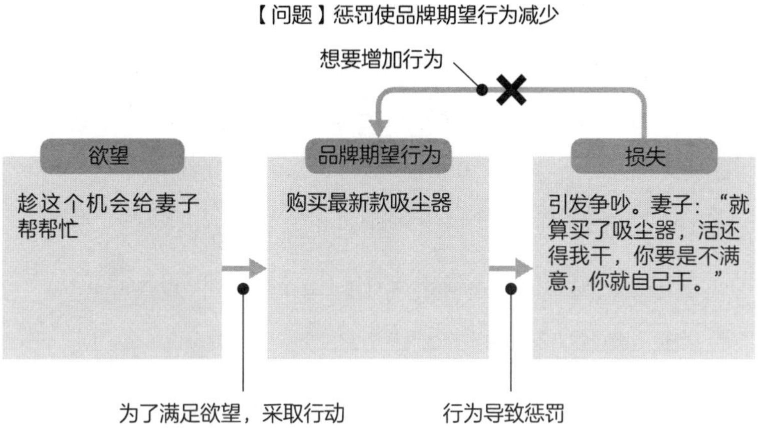

图 5-18　选择高性能吸尘器的行为分析

重新诠释品牌利益

这一冲突源于夫妻双方对家务分担的不同理解。丈夫希望通过购买高科技家电来帮助妻子，但是他需要找到能够符合妻子合理性的解决方案。考虑到他们是双职工家庭，而且妻子对家务分担不均有所抱怨，那么符合妻子合理性的解决方案是"家务不应仅由妻子承担，孩子和丈夫也应参与其中"。结合品牌"小巧、无线、易操作、续航久，随时随地可用"的特性，我们可以提出"随时发现、随时清洁，培养全家人的清洁习惯"的广告语，并将其作为产品的核心利益点（见图 5-19）。

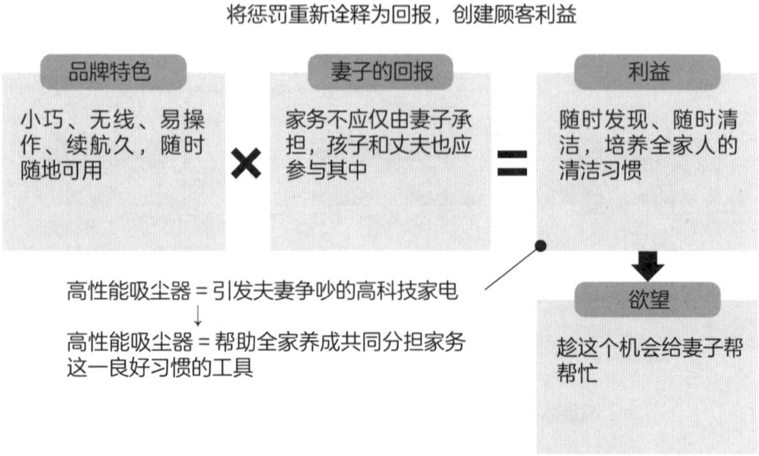

图 5-19　高性能吸尘器的顾客利益

重新构建品牌

图 5-20 的替代模型反映了购买者（丈夫）和使用者（妻子）之间合理性的差异。通过传达“随时发现、随时清洁，培养全家人的清洁习惯”这一信息，可以让丈夫认识到“与其购买昂贵的高科技家电，不如选择能促进家庭成员共同参与家务的工具”。妻子也可能会认为“丈夫买这台吸尘器是想和我一起分担家务”。

这样的信息有助于将高性能吸尘器重新定位为帮助全家养成共同分担家务这一良好习惯的工具，而不是引发夫妻争吵的高科技家电。

这种广告策略通过理解购买者和使用者的不同需求和思维逻

辑，避免了单纯强调功能性或差异化，从而在品牌的独特性方面建立优势。

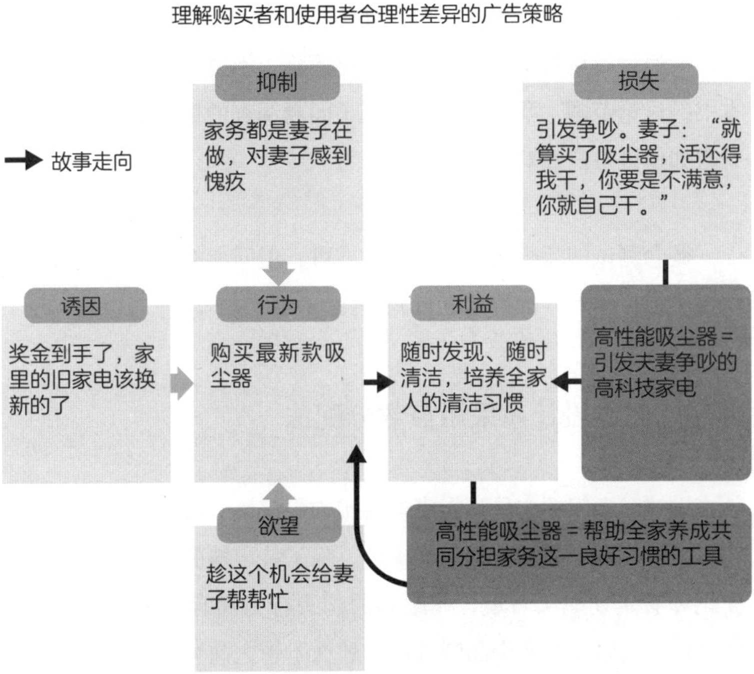

图 5-20 高性能吸尘器的替代模型（重新诠释后）

替代模型的检验与概念测试

在第 5 章的结尾，我们将探讨重新诠释商品或服务之后实施的概念测试。通过对多位非顾客进行观察和访谈，可以收集多个替代模型和故事。重视产品导向，将产品先行推向市场，这是一个可行的方法。但如果预算充足，先进行定量调查来测试故事的吸引力会更好。

在实际操作中，我们可以通过因果推论来验证重新诠释的效果，或通过市场营销组合建模来优化策略。不过，这些内容超出了本书的讨论范围。我将重点介绍基于问卷调查的概念测试方法，来看看如何测量产品对非顾客的吸引力。

概念测试的流程按照常规做法即可，但问卷的提问方式和项目设置应根据非顾客的特点进行调整。

理想的问卷设计应采用点数分配法

设计问卷问题应尽可能模拟真实购买情境，这不仅便于受访者作答，也有助于提高数据的准确性。除了特定情况，如顾客追求多样化和有定期购买习惯，非顾客的购买行为通常呈现多项分布特征：如果在脑中有几个品牌选项，那么不管之前买过什么，这次他们仍可能随机选择其中一个品牌进行购买（零阶模型）。因此，问卷调查应包括以下步骤。

【步骤 1】要求受访者从品牌列表中选出在他们考虑集合中的品牌。

【步骤 2】对于在考虑集合中的品牌，询问受访者“在 10 次购买行为中会如何分配购买次数”或“如何将 100 分分配给不同的品牌”，也就是根据点数分配法进行询问。

利用在线问卷工具可以轻松实现这些设置。如果与市场调查公司合作，还可以进行更复杂的随机化处理，更准确地模拟真实购买情境。

在设计问卷时，应避免使用以下类型的计分方式。

- 完全不想买（0分）
- 不太想买（1分）
- 无所谓（2分）
- 有点想买（3分）
- 非常想买（4分）

与身高、体重等物理量不同，心理量没有绝对零点。在问卷的项目设置中将“完全不想买”标记为0分，0仅是一个符号，没有数值功能。选项中的心理量是由受访者的主观感受决定的，无法准确计算差值和比值。

此外，量表型问卷中可能包含“无所谓”这一中间选项。这可能对非顾客造成困扰。一部分人会将“无所谓”理解为中立评价，而另一部分人则会将其视为“完全不想买”的意思。因此，对非顾客进行问卷调查时，采用点数分配法比量表更为合适。

顺便说一下，利用点数分配法获得的数据构建预测模型也更为方便，因此在可以获取数据时，也请尽量采用点数分配法收集数据。量表型问卷的数据收集更简单，但在参数估计上，它需要更严格的假设。因此，为了达到与点数分配法相同的效果，它可能需要使用更复杂的模型，这就增加了后续分析的难度。

如第 4 章所讨论的，在设计问卷时，我们应考虑顾客回答的可靠性。由于选择盲等因素影响，受访者提供的理由可能是事后找补的。虽然问卷调查无法完全消除这种影响，但通过整理“使用产品的情境事实”，我们可以在一定程度上控制这种影响。例如，可以询问顾客以下事实性问题：

- 是否主动研究产品；
- 是否考虑过替代品或替代方法；
- 是否通过互联网检索信息；
- 是否向亲友咨询；
- 愿意支付的金额。

如果非顾客在这些问题上做出肯定回答，这表明非顾客有特定任务或目标。他们购买品牌可能就是为了满足这些需求的。因此，这些行动可以作为购买行为的前置指标。关于品牌具体使用情况，我们可以参考以下项目进行询问：

- 通过各个接触点会想到哪些品牌；
- 上一次购买的品牌及购买时间；
- 当前使用的品牌；
- 下一次想购买的品牌。

最后，为避免第 4 章中提到的罗瑟·瑞夫斯谬误，请确保制订实验流程来进行测试。具体来说，可以将样本随机分为实验组和对照组，实验组观看模型故事，而对照组不用看，然后比较愿意支付的金额、下次购买意向和品牌考虑集合等指标。

从 0 到 1 的新获客案例

持续贴近新顾客

宝丽（POLA）股份有限公司中村俊之

宝丽公司主要开展与“美与健康”主题相关的化妆品业务。公司通过日本约 3 200 家门店（截至 2021 年 12 月的数据）和百货商场专柜直接与顾客接触来销售产品。

自 2020 年以来，线上销售渠道在化妆品行业中逐渐崛起。在此背景下，宝丽公司进行了市场调查，旨在了解如何让顾客在线上获得与线下门店相同的购物体验，并探索如何打造理想的顾客体验，以吸引新顾客使用宝丽公司的产品。调查深入探究了“消费者首次光临门店的契机”和“影响在门店购买决策的因素”等。通过这些调查，我们能了解新顾客如何与宝丽公司品牌建立联系并成为忠实顾客的全过程，这对于我们重新诠释业务有重要价值。

基于这些调查结果，自 2022 年 5 月起，宝丽公司制定了中长期的新营销战略。面对社会和人们工作方式的快速变化，公司向消费者获取信息的意识也在不断演变。

因此，宝丽公司将继续探索能够赢得顾客信赖和持续支持的顾客体验，致力于与每一位顾客建立联系，并通过细致周到的服务提供舒适的接待体验。

在充满未知的“非顾客”领域，努力开拓

站在顾客的视角，重视顾客，这些话说起来简单，但往往会演变成自我满足式的营销。产生这一问题的一个原因是，关于“顾客理解”，营销人员缺乏明确的步骤来说明应该理解顾客的哪些方面、如何进行理解以及需要输出什么样的结果。因此，理解顾客的过程和得出的结论，最终会因为营销人员的不同而不同。此外，营销不是表面功夫。即使营销人员嘴上说“要珍视顾客、考虑他们的感受”这类好听的话，但这些话并不能直接提升品牌的销售额或市场份额。理解营销策略是如何影响结果的，这一点至关重要。

我认为，广义的营销需要数学和统计学的定量分析以及文化人类学或心理学的定性理解。在战略制定的上游阶段，依赖定量的数学依据；在措施开发的下游阶段，则要基于对顾客的深刻洞见。换句话说，对营销人员而言，综合运用理科思维和文科思维，在两者之间灵活切换、找到平衡十分重要。我自己在营销行业工作了大约

20 年，一直在理科和文科之间寻找这种平衡，以期融合两者的优势。本书就是这种文理融合的一次尝试。想要融合得完美，还有很长的路要走，也还有许多需要改进的地方。在本书的结尾，我想再分享一些想法。

由于附录会深入探讨理科思维，我想简要介绍一下本书中关于理科思维的内容。

什么是理解顾客？从理科的视角来看，它就像是在看似随机的顾客思维和行为中寻找规律的过程，这与数学中的定理证明颇为相似。根据数学的观点，理解顾客需要以下 3 种能力：发现问题的能力；构建可解方程的能力；将解决方案应用于商业的能力。特别需要注意的是，将理科思维应用于营销的核心在于第 2 点——构建可解方程的能力。顾名思义，构建方程就是将通过数据观察到的现象和产生这种现象的过程用数学方程表示出来。

大家是否清楚“统计分析”和“统计建模”的区别？在营销领域，我们通常进行的是统计分析。统计分析是将预设的概率模型应用于现有数据的过程。在这种分析中，我们不需要自己构建方程，因为可以直接使用已有的模型，例如，平均值差异检验中使用的 t 检验或回归分析等。这些分析方法将数据拟合到正态分布，并进行各种估计和比较。因此，我们主要关注的是参数估计的准确性。

相对而言，统计建模是寻找适合数据的概率模型的过程，它旨在揭示数据背后的生成机制和行为发生的过程。在统计建模中，构建方程是不可或缺的步骤。如何用概率分布来描述观察到的现象？

数据是如何产生的？品牌是如何被顾客认识并引起兴趣的？非常规行为是如何发生的？通过方程来表达数据和现象背后的机制并对其进行验证，这就是一种量身定制的方法。有时，我们也会采用他人已经构建的模型，但为了更准确地描述数据的生成过程，可能需要混合使用不同的概率分布，或者在必要时自行开发新的模型。

在本文中稍有提及的狄利克雷模型[1]为了描述顾客购买行为的机制，结合了 4 种概率分布。我在学习贝叶斯统计时偶然发现了这个模型，对其能够通过方程直接描述产品类别、购买情况和品牌选择的原理感到非常震撼，这与我们在自然科学中看到方程时的感觉颇为相似。

回到本书主题，通过对顾客购买行为的发生过程或机制进行建模，将其与实际数据进行对比验证，我们可以获得比仅利用图表汇总或相关指标更深入的洞见。只要我们构建了方程，就可以利用 Python 等工具快速执行高效的马尔科夫链蒙特卡洛法（MCMC），这就使得构建可解方程变得更加容易。

不过，在营销策略中，发现问题的能力和将解决方案应用于商业的能力不能直接通过数学或统计学来获得，尤其是后者。通过回归分析揭示购买行为驱动因素，或是在营销组合建模中找出最有效的媒体渠道，这些都是理科思维的体现。然而，基于这些分析，制定关于传达什么信息、如何传达以及产品应提供何种体验等策略时，则需要借助文科思维。

换言之，并非所有的内容都需要借助方程，有些内容应基于方程式揭示的规律或法则运用文科思维，发挥创意。例如，第 4 章和第 5 章中提到的“顾客的合理性”和“替代模型”，就是结合强化学习中贝尔曼方程和文化人类学方法进行定性化分析的例子。营销人员即使不了解背后的数学原理，也可以在日常的顾客观察和访谈中使用这些概念。

强化学习在实际应用中面临两大挑战：一是与现实环境的对接问题，二是如何在实际工作中有效应用的问题。为此，在理解非顾客的过程中，我们可以基于经验提出一些假设，比如“欲望和抑制决定行为模式”“适应不同情境的生活变化将成为回报”。通过这些假设，我们可以开发出普遍适用的观察工具，即替代模型。这样就能很好地融合文科和理科视角。

当然，现实世界的复杂性远超模拟环境，可能会有人批评本书涉及的环境变化过于频繁。但我强调的不是这些，而是意义重建的重要性，即在 VUCA［易变性（volatility）、不确定性（uncertainty）、复杂性（complexity）、模糊性（ambiguity）］的环境中吸引非顾客时，需要“提出假设以简化现象”“捕捉一部分规律”，以及“即使没有现成的数学模型，也要尝试构建方程式来描述这些规律”。与其因数据不足而停滞不前，不如利用现有数据进行尝试，利用所有可用的见解和工具，形成粗略的估计。勇敢地迈出这一步至关重要。

理解顾客是艺术还是科学

归根结底，我的观点是，通过在理科思维和文科思维之间灵活切换，我们可以拓宽和深化对顾客的理解。在营销领域，经常有人讨论营销是艺术还是科学的问题。大多数的结论是“营销可以是艺术，也可以是科学”，但我的看法有所不同。我认为营销工作实际上只包括确定项和误差项两个部分。

营销工作＝确定项的任务＋误差项的任务

营销效果可以分为两部分：一是由已知变量引起的规律性变化，二是由未知变量引起的不规则变化。其中，规律性变化的部分可以通过科学方法来理解和预测，而不规则变化的部分则需要艺术的直觉和创造力。换句话说，科学确保我们能够预测“这样做会产生这样的结果”，而艺术则允许我们在不确定的情况下，仍然敢于尝试和探索。

将艺术视为误差的说法听起来可能有些负面，但这里误差的意思是在某些情况下它可能是正面的，也可能是负面的。科学有可能揭示顾客购买行为的本质，使销售额大幅提升，但在某些情况下也有可能与目标产生较大偏差。我认为，在理解规律的基础上进一步突出“艺术”是非常好的做法。同时，我认为完全没有规律或百分之百地依赖“艺术”也是不可靠的。缺乏确定项的公式讨论是纯粹的赌博。

在商业领域，没有什么是绝对的。企业所做的一切努力都是在提高成功的可能性。因此，我们应在胜算较高的规则（市场或规律性）下竞争，并通过重新诠释来确保自己的胜算更高。特别是在充满未知的非顾客理解这一领域，我们更需要利用已知的规律，尽量少依赖运气，全力应对，这很关键。

总而言之，就是要站在巨人的肩膀上。在这个意义上，本书的编写得到了许多营销专家和数据科学家的宝贵指导和帮助。三井住友海上火灾保险公司的木田浩理先生从本书的企划阶段开始就提供了咨询，并与我多次讨论了数据科学、营销和“理解顾客”的交叉点。这些讨论为我提供了宝贵的视角和机遇，帮助我迈出了写作的第一步。日本铁路公司 JR 东日本的涩谷直正先生从数据科学等角度为本书的撰写提供了宝贵的意见，尤其是在最后截止日期前的讨论，让我确信他的建议使本书的价值得到了提升。ELYZA 公司的野口龙司先生从 AI 研究的角度，分享了他对认知机制的理解，并阐述了 AI 研究与理解非顾客的共通点和未来趋势。

此外，东急广告代理公司的大仓新也先生、新百伦公司的铃木健先生、味滋康公司的田中保宪先生、宝丽公司的中村俊之先生、花王公司的林裕也先生对本书的专栏内容给予了协助（按姓氏的日语五十音顺序排列）。关于“理解顾客”和“理解非顾客”的现状与未来展望，我期待能继续深入探讨。同时，本书的出版也离不开客户们在日常工作中提出的挑战，在此向他们表示衷心的感谢。

日经 BP 社的松山先生不仅给了我写作的机会，还驱动了整个写作计划。尽管我可能是一个与众不同的作者，但还是很感谢您在我写作本书的过程中的耐心陪伴。

感谢 Collexia 公司的村山子朗社长和资深员工远藤颂太、春本义彦、松桥润哉等，感谢你们给予我支持，还在我奔向极端时提供缓冲，感谢你们勇敢地追随我进行新的尝试。对于大家的帮助，我深表感激与敬意。

最后，在写作本书的过程中，我再次深刻地体会到了站在巨人肩膀上的重要性。我希望本书能让大家重新审视那些看似理所当然的营销观念，帮助你们再次站在巨人的肩膀上。衷心感谢你阅读到最后。

深入理解双重危机定律的两个模型

A-1　狄利克雷模型

在附录，我将深入阐述“双重危机定律”，并解释非用户和轻度用户营销策略中的数学原理。

双重危机的概念最初由社会学家威廉·麦克菲（William McPhee）提出。[1] 他发现，在漫画书和广播节目中知名度较低的作品不仅读者或听众数量少，而且人气也较低。他指出大品牌更容易吸引对品牌了解较少的轻度用户。随后，安德鲁·埃伦伯格教授在研究重复购买行为时发现，市场份额较小的品牌不仅顾客数量较少，顾客的忠诚度也较低，他将这一趋势通过固定模型表示出来。[2] 如今，双重危机定律已在多个国家和商品类别中得到验证。

关于双重危机，本书遵循其在前文中出现的顺序，首先解释狄利克雷模型（NBD-Dirichlet），然后解释 $w(1-b)$ 模型。

狄利克雷模型由下列公式（1）和公式（2）构成，表现为多个概率分布的乘积形式。

$$\int \text{Poisson}\,(R\,|\,\mu T)\ \text{Gamma}\left(\mu\,|\,K,\frac{M}{K}\right) \mathrm{d}\mu \qquad (1)$$

$$\int \text{Multinomial}\,(r\,|\,p,R)\ \text{Dirichlet}\,(p\,|\,\alpha)\,\mathrm{d}p \qquad (2)$$

有关专家已经详细阐述了各分布及混合分布的推导过程，本书将重点阐释这些公式的概念。[3] 模型的创立者杰拉德·古德哈特等人提出，狄利克雷模型通过一个算式，整合“购买频率”和“品牌选择”这两个购买行为的不同侧面，能够对顾客的购买行为进行多样化的预测。[4] 接下来，我们将探讨这一观点的含义。

公式（1）描述了顾客在一定时期内购买某类别商品的次数。从长远来看，某位顾客在单位时间（比如一周）内购买某类别商品的平均次数（μ）是固定的。例如，如果顾客一年平均购买 10 次罐装咖啡，那么每周的购买次数大约为 0.192 次，算作 0.2 次。在给定的时间周期 T（单位时间的总和）内，顾客购买该类别商品的次数（R）遵循以 μT 为参数的泊松分布①。然而，可能也有顾客每年购买 100 次罐装咖啡。顾客在长时间内购买某类别商品的消

① 泊松公布，统计与概率学中一种常见的离散概率分布，由法国数学家西梅翁 - 德尼·泊松（Simeon-Denis Poisson，1781—1840）于 1838 年发表。后面的伽玛分布也是同类型领域中的一种离散概率分布。——编者注

费量存在差异，因此从整体上看，顾客的平均购买次数（μ）是不断变化的。这种变化遵循以（K，$\frac{M}{K}$）为参数的伽马分布，其中 M 代表单位时间内的平均购买次数，而 K 是决定分布形态的参数。在这一假设的基础上，当我们对 μ 求积分，得出顾客整体购买次数的概率时，通常认为其分布服从负二项分布。

公式（2）表示品牌选择。虽然顾客选择某个品牌的概率（p）看似随机，但从长远来看，这些选择具有一定的规律性。例如，我在一年内购买三得利的 BOSS、可口可乐的 GEORGIA 和悠诗诗的 BLACK 无糖的概率分别为 60%、30% 和 10%。在某段时间内购买某类别商品的次数（R）中，顾客购买某个品牌的次数（r）由包含参数（p，R）的多项分布决定。这里的（R）由公式（1）决定，但不同的顾客选择不同品牌的概率不同。由于个人偏好的差异，品牌选择概率（p）在顾客整体中呈现波动，这种波动遵循以 α 为参数的狄利克雷模型分布。

总体而言，狄利克雷模型是一种机制，它通过负二项分布预测在特定时期内顾客购买某类别商品的次数分布，并结合顾客间的品牌选择概率，将总购买次数分配到各个品牌，预估在该期间顾客购买各品牌的次数。尽管这个公式初看略显复杂，但一旦确定了相关参数，在数据汇总的基础上进行预测计算就会变得非常方便。

A-2 $w(1-b)$ 模型

用 $w(1-b)$ 模型理解双重危机定律

狄利克雷模型有一个简化公式，即模型 $w(1-b)$。这个模型公式结构简洁、参数较少，因此在本附录中，我将采用它来阐释双重危机的特性。双重危机定律已在多种数据中得到验证，它基于两个关于顾客购买行为的假设。[5]

1. 对于消费者而言，购买不同品牌的行为是独立的（购买品牌 x 与购买品牌 y 是独立的）。
2. 顾客会选择不同品牌，但平均购买整个产品类别的频率没有差异（无论顾客购买哪个品牌，该类别产品的平均购买频率都是相同的）。

接下来，我将参考这两点，详细解释 $w(1-b)$ 模型的构建过程。这一过程仅涉及基础代数，不包含高等数学内容。

假设在产品类别 I 中，有 3 个品牌 x、y 和 z。基于以上两个假设，我们来探讨每个品牌在特定期间内顾客的平均购买频率。设总体顾客数为 N，特定期间内购买品牌 x 的顾客比例为 b_x，品牌 x 的顾客 Nb_x 的平均购买频率设置为 w_x。因此，品牌 x 的顾客在该期间内购买品牌 x 的总次数可以表示为 Nb_xw_x。

在品牌 x 的顾客中，购买品牌 y 的顾客比例为 $b_{y|x}$，他们的平均购买频率设置为 $w_{y|x}$。这意味着品牌 x 的顾客购买品牌 y 的

总次数为 $Nb_{y|x}w_{y|x}$。同理，品牌 x 的顾客购买品牌 z 的总次数为 $Nb_{z|x}w_{z|x}$。

在特定期间内，品牌 x 的顾客购买产品类别 I 的总次数可以表示为：

$$Nb_xw_x + Nb_{y|x}w_{y|x} + Nb_{z|x}w_{z|x} \tag{3}$$

接下来，品牌 x 的顾客在类别 I 中的平均购买频率可以用公式（3）除品牌 x 的顾客数 Nb_x 得出：

$$N(b_xw_x + b_{y|x}w_{y|x} + b_{z|x}w_{z|x})/Nb_x \tag{4}$$

根据假设 1，任意品牌之间的购买行为是独立的，因此可以写成：

$$b_{y|x} = b_yb_x、w_{y|x} = w_y \tag{5}$$

$$b_{z|x} = b_zb_x、w_{z|x} = w_z \tag*{(5)'}$$

由此，可将公式（5）和公式（5）' 代入公式（4）中，分子、分母中的 N 和 b_x 相抵消，品牌 x 的顾客在类别 I 中的平均购买频率可简化成如下公式：

$$w_x + b_y w_y + b_z w_z \quad (6)$$

同样地，品牌 y 的顾客在类别 I 中的平均购买频率为：

$$w_y + b_x w_x + b_z w_z \quad (7)$$

根据假设 2，无论顾客购买哪个品牌，该类别产品的平均购买频率都是相同的，因此公式（8）成立。

$$w_x + b_y w_y + b_z w_z = w_y + b_x w_x + b_z w_z \quad (8)$$

将公式（8）等号两侧的 $b_z w_z$ 相抵消，可得到：

$$w_x + b_y w_y = w_y + b_x w_x$$

$$w_x - b_x w_x = w_y - b_y w_y$$

$$w_x(1-b_x)=w_y(1-b_y) \tag{9}$$

因为该公式适用于所有品牌，它可以表示成：

$$w_x(1-b_x)=w_y(1-b_y)\simeq \text{Constant} \tag{10}$$

公式（10）可进一步简化为：

$$w_i(1-b_i)\simeq w_0(\text{Constant}) \tag{11}$$

值得注意的是，$w_i(1-b_i)$ 在品牌之间并不是完全一致的，报告显示约有 ±10% 的偏差。[6]

双重危机定律的性质及实践

用户忠诚度是有上限的

提到双重危机，营销人员通常会盯着“市场份额较小的品牌不仅顾客数量较少，而且顾客忠诚度也低”这一解读。实际上，顾客忠诚度存在上限也是双重危机的另一个重要方面。

从公式（11）中解出 w，我们可以得出：

$$w \simeq w_0 / (1 - b) \qquad (12)$$

这个公式通过 w_0 /（1 − b）来预测购买频率 w_0 由于 w_0 是常数，这个公式实际上仅是通过渗透率来预测顾客的购买频率。这个模型的优点在于，尽管只使用了渗透率这一变量，但其预测结果仍然可靠。

研究人员通过对 500 多个品牌进行了 32 次重复研究，证实了 w（1 − b）模型在预测顾客购买频率方面的准确性与狄利克雷模型相当。[7] 有关研究还表明，即使在线上购物盛行，消费者行为发生了很大变化的今天，双重危机定律依然有效。而且这一结论在为期 6 年的时间序列数据中也得到了验证。上述研究只是一个例子，还有许多研究者通过研究不同国家、时代和产品类别，确认了双重危机的存在。[8-9]

因此，双重危机的两个假设——顾客购买行为的独立性和同类别购买频率的一致性，已经通过大量数据和重复研究得到了验证。对于市场营销人员而言，尤其重要的是第 2 个假设——“无论顾客购买哪个品牌，该类别产品的平均购买频率都是相同的”。如果这一假设成立，那么在特定时期内，所有品牌的顾客在该产品类别中的购买次数都是相同的，这意味着顾客的忠诚度存在固有的上限，而品牌营销无法无限提升这一上限。无论是打造小众品牌，实现商品差异化，还是优化目标顾客群体，传递具有深刻洞察力的信息，同品牌顾客的忠诚度都无法超过该产品类别忠诚度的上限。

“1 任务—1 利益”的局限性

顾客忠诚度存在上限这一规律并不一定是负面的。从第 4 章提到的任务视角来看，在“1 任务—1 利益”的模型中，一旦顾客的任务得到解决，顾客就不会有更多的购买行为。这就是双重危机所揭示的顾客忠诚度上限。

消费者不会为了已经解决的任务再次付费，但会为了尚未解决的任务付费。例如，在游乐园中，在已经支付了入场费后，消费者便不会为了玩游乐设施额外付费，但会为了走快速游玩通道而支付额外费用。洗发水一瓶足够使用，但消费者在买完洗发水后，还会购买护发素或发膜。尽管每天饮用的咖啡量相对固定，但消费者仍然会为了小礼品而购买额外的咖啡。

从“1 任务—1 利益”模型到“N 任务—N 利益”模型的转变

有鉴于此，品牌应从单一的“1 任务—1 利益”模型转向以渗透顾客生活为目标的“N 任务—N 利益”商业模型，通过提供多样化服务来满足顾客的多重需求。这种转变并不能一蹴而就，但对于通过客户关系管理或“粉丝”营销提升顾客忠诚度的品牌而言，“N 任务—N 利益”模型仍然很有价值。

“N 任务—N 利益”商业模型需要同时在多个接触点进行布局。以航空业为例，早期的常客计划就是这种模式的体现。人们的年度出行量通常不会有较大波动。实际上，随着人口减少和远程工作方式的普及，交通工具的总体使用量可能不会有显著增加。因此，从“N 任务—N 利益”的角度来看，航空公司的营销重点不在于提高出行服务的使用频率，而在于如何着眼于与出行相关的其他任务来增加顾客利益。

航空公司提供的几乎所有的常客计划都具有多种商品和服务的中心枢纽功能，例如，提供餐饮服务（餐厅）、使乘客顺利出行（无票化系统）、能让乘客在旅行目的地工作（工作假期、远程办公室）、确保下一个交通工具（汽车或摩托车租赁）及时到位等，航空公司整合了与移动相关的各种任务，构建了一个小型生活圈。这种模式之所以有效，是因为 CRM 提升了顾客忠诚度，使得忠诚度计划能够将提升的顾客忠诚度分配到同一企业提供的其他服务和产品上。

作为营销工具的双重危机

w（$1-b$）模型是一种多功能的营销工具，可用于市场结构分析、营销机会拓展、基准测试和模拟等多个方面。在第 3 章的专栏中，我们讨论了评估顾客忠诚度措施效果递减的方法和细分市场的评价方法。除此之外，该模型还可用于以下场景。

A. 确定成本投入的优先顺序：是提高顾客的购买频率还是提高品牌的市场渗透率？如果是提高顾客购买

频率，那么合理的目标上限是多少？

B. 设定市场渗透率目标：市场渗透率应提高到什么水平？预计市场渗透率提高多少个百分点？顾客购买频率将达到多少？预期能获得多少市场份额？

C. 确定最有效的营销组合：最有效的营销组合是什么？应加强哪些流通渠道（如区域、门店、电子商务等）？

D. 识别市场渗透率不足的顾客群体：当前哪些顾客群体的渗透率不足？为了提高品牌的市场渗透率，应加强与哪些接触点的联系？

其中，通过改变品牌的市场渗透率来预测销售额或市场份额的模拟方法尤其方便。在重视速度和简便性而非精度的情况下，这种方法尤其有用。

销售额预测

$w = w_0/(1-b)$ 是连接其中两个要素的函数。一旦确定了 b 值，w 值也随之确定。因此，通过调整品牌的市场渗透率，可以模拟品牌购买频率的变化情况。也就是说，我们可以预测如果品牌的市场渗透率达到某个水平，顾客的购买频率将如何变化，销售额将达到多少。假设调整后的渗透率为 b_T，预测的购买频率为 w_T，则预测的销售额计算公式为：$Nb_Tw_T \times$ 平均单价。反过来，基于当前的顾客购买频率，我们也可以估算出需要提升多少市场渗透率才能达到目标销售额，或者结合营销组合模型来探讨实现目标渗透率的策略。

销售额＝顾客数量 × 购买频率 × 价格

潜力分析

市场渗透率是衡量品牌业务未来增长潜力的关键指标。例如，通过分析性别、年龄、月份、区域等维度的渗透率数据，并与基准竞争对手或整个类别的渗透率进行对比，我们可以探究自家品牌在哪些细分市场中渗透率较低。这有助于发现在特定顾客群体、时间段或地区提升销售额的潜在机会。例如，如果整个产品类别在 M1（20 ～ 34 岁年轻男性）群体中的渗透率为 30%，而自家品牌在 M1 群体中的渗透率仅为 10%，那么通过专注于吸引 M1 群体中的新顾客，可以有效增加销售额。此外，利用 $w=w_0/(1-b)$ 和 Nb_Tw_T 的模型进行模拟，也可以大致预测出提高哪个群体、时间段或地区的渗透率可以使销售额增加多少。

这种方法更适用于针对特定目标群体的品牌渗透率提升，而我们应追求的是针对整个人口的渗透率的提升。因此，应将此策略作为促进短期销售活动的一部分。

进入新市场的基准测试

在新业务开发和风险投资的尽职调查阶段，迅速掌握目标市场的相关信息对投资者至关重要。利用 $w=w_0/(1-b)$ 和

Nb_TW_T 模型，我们可以在进入新市场或海外市场时快速评估市场结构，并调查应该作为基准的竞争对手情况，从而设定营销目标，以确定要达到多少市场渗透率才能实现预期的市场份额。

参考文献

引言

1. 岸政彦・石岡丈昇・丸山里美 (2016)『質的社会調査の方法：他者の合理性の理解社会学』有斐閣
2. Drucker, P. F.(1964). *Managing for results.* Harper & Row Publishers.(ドラッカー , P. F. / 野田一夫 , 村上恒夫 (訳)(1964)『創造する経営者』ダイヤモンド社)
3. Romaniuk, J., & Sharp, B. (2022). *How brands grow part2: Including emerging markets, services, durables, B2B and luxury brands* (Rev. ed.). Oxford University Press. Kindle.
4. 同 1.

第 1 章

1. Kotler, P., & Keller, K. L.(2006). *Marketing management* (12th ed.).Prentice Hall.(コトラー , P. & ケラー , K. L. / 恩藏直人 (監修)・月谷真紀 (訳)(2008)『コトラー＆ケラーのマーケティング・マネジメント 12 版』ピアソン・エデュケーション)
2. East, R., Hammond, K., & Gendall, P. (2006). Fact and fallacy in retention marketing. *Journal of Marketing Management*, 22(1-2), 5-23.
3. Sharp, B. (2010). *How brands grow: What marketers don't know*. Oxford University Press.(シャープ, B. / 加藤巧 (監修)・前平謙二 (訳)(2018)『ブランディングの科学：誰も知らないマーケティングの法則 11』朝日新聞出版)

4. Reichheld, F. F., & Sasser, W. E. (1990). Zero Defections: Quality Comes to Services. *Harvard Business Review*, 68(5), 105-111.
5. Baldinger, A. L., Blair, E., & Echambadi, R.(2002). Why brands grow. *Journal of Advertising Research*, 42(1), 7-14.
6. Binet, L., & Field, P.(2017). *Media in focus: Marketing effectiveness in the digital era.* Institute of Practitioners in Advertising.
7. 同上.
8. 同上.
9. Ehrenberg, A. S. C. (1959). The pattern of consumer purchases. *Journal of the Royal Statistical Society*. Series C(Applied Statistics), 8(1), 26-41.
10. 同 3.
11. Romaniuk, J., & Sharp, B. (2022). *How brands grow part2: Including emerging markets, services, durables, B2B and luxury brands* (Rev. ed.). Oxford University Press. Kindle.

第 3 章

1. Romaniuk, J., & Sharp, B. (2022). *How brands grow part2: Including emerging markets, services, durables, B2B and luxury brands* (Rev. ed.). Oxford University Press. Kindle.
2. Drucker, P. F.(1964). *Managing for results*. Harper & Row Publishers.(ドラッカー, P. F. / 野田一夫, 村上恒夫 (訳)(1964)『創造する経営者』ダイヤモンド社)
3. Kotler, P., & Keller, K. L.(2006). *Marketing management* (12th ed.). Prentice Hall.(コトラー, P. & ケラー, K. L. / 恩藏直人 (監修)・月谷真紀 (訳) (2008)『コトラー&ケラーのマーケティング・マネジメント 12 版』ピアソン・エデュケーション)
4. Aaker, D. A.(1991). *Managing brand equity*. The Free Press.
5. Collins, M. (1971) Market segmentation: The realities of buyer behaviour. *Journal of the Market Research Society*, 13(3), 146-157.
6. Wind, Y. (1978). Issues and advances in segmentation research. *Journal of Marketing Research*, 15(3), 317-337.
7. Yuspeh, S., & Fein, G.(1982). Can segments be born again? *Journal of Advertising Research*, 22(3), 13-22.

8. McGuinness, D., Gendall, P., & Mathew, S.(1992). The effect of product sampling on product trial, purchase and conversion. *International Journal of Advertising*, 11(1), 83-92.
9. Hammond, K., Ehrenberg, A. S. C., & Goodhardt, G.J. (1996). Market segmentation for competitive brands. *European Journal of Marketing,* 30(12), 39-49.
10. Hoek, J., Gendall, P., & Esslemont, D. (1996). Market segmentation: A search for the Holy Grail?. *Journal of Marketing Practice: Applied Marketing Science*, 2(1), 25-34.
11. Wright, M. (1996). The dubious assumptions of segmentation and targeting. *Management Decision*, 34(1), 18-24.
12. Fennell, G., Allenby, G. M., Yang, S., & Edwards, Y. (2003). The effectiveness of demographic and psychographic variables for explaining brand and product category use. *Quantitative Marketing and Economics*, 1(2), 223-244.
13. 同 9.
14. Kennedy, R., & Ehrenberg, A. S. C. (2001). There is no brand segmentation. *Marketing Research,* 13(1), 4-7.
15. Sharp, B. (2010). *How brands grow: What marketers don't know*. Oxford University Press.(シャープ, B. /加藤巧（監修）・前平謙二（訳）(2018)『ブランディングの科学：誰も知らないマーケティングの法則 11』朝日新聞出版）
16. Allenby, G., Fennell, G., Bemmaor, A., Bhargava, V., Christen, F., Dawley, J., Dickson, P., Edwards, Y., Garratt, M., Ginter, J., Sawyer, A., Staelin, R., & Yang, S.(2002). Market segmentation research: Beyond within and across group differences. *Marketing Letters*, 13(3), 233–243.
17. Fennell, G., & Allenby, G. M. (2002). No brand level segmentation? Let's not rush to judgment. *Marketing Research*, 14(1), 14-18.
18. Yang, S., Allenby, G. M., & Fennell, G. (2002). Modeling variation in brand preference: The roles of objective environment and motivating conditions. *Marketing Science,* 21(1), 14–31.
19. 同 1.
20. Ehrenberg, A. S. C. (1959). The pattern of consumer purchases. *Journal of the Royal Statistical Society. Series C (Applied Statistics)*,

8(1), 26–41.

21. 同 1.
22. 同 15.
23. Ehrenberg, A. S. C. (2000). Repeat buying. *Journal of Empirical Generalisations in Marketing Science*, 5.
24. 同 1.
25. John, L. K., Emrich, O., Gupta, S., & Norton, M. I.(2017). Does "liking" lead to loving? The impact of joining a brand's social network on marketing outcomes. *Journal of Marketing Research*, 54(1), 144-155.
26. 同 1.
27. 同 25.
28. Binet, L., & Carter, S.(2018). *How not to plan: 66 ways to screw it up*. Matador. Kindle.
29. 同上 .
30. Ehrenberg, A. S. C., Goodhardt, G. J., & Barwise, T. P.(1990). Double jeopardy revisited. *Journal of Marketing*, 54(3), 82-91.
31. Ehrenberg, A. S. C., Uncles, M., & Goodhardt, G(. 2004). Understanding brand performance measures: Using dirichlet benchmarks. *Journal of Business Research*, 57(12), 1307-1325.
32. Graham, C., Bennett, D., Franke, K., Henfrey, C. L., & Nagy-Hamada, M.(2017). Double jeopardy–50 years on. Reviving a forgotten tool that still predicts brand loyalty. *Australasian Marketing Journal*(AMJ), 25(4), 278-287.
33. 同 30.
34. Khan, B., Kalwani, M., & Morrison D. (1988). Niching versus change-of-pace brands: Using purchase frequencies and penetration rates to infer brand positioning. *Journal of Marketing Research*, 25(4), 384-90.
35. 森岡毅 (2016)『USJ のジェットコースターはなぜ後ろ向きに走ったのか? 』KADOKAWA
36. Kahneman, D., Sibony, O., & Sunstein, C. R. (2021). *Noise: a flaw in human judgment*. William Collins.(カーネマン , D., シボニー , O. & サンスティーン , C. R. / 村井章子 (訳)(2021)『NOISE 上 : 組織はなぜ判断を誤るのか? 』早川書房)

第 4 章

1. Romaniuk, J., & Sharp, B. (2022). *How brands grow part2: Including emerging markets, services, durables, B2B and luxury brands* (Rev. ed.). Oxford University Press. Kindle.
2. 同上 .
3. Goodhardt, G. J., Ehrenberg, A. S. C., & Chatfield, C.(1984). The Dirichlet: a comprehensive model of buying behaviour. *Journal of the Royal Statistical Society, Series A (General)*, 147(5). 621-655.
4. 土屋哲雄 (2020)『ワークマン式「しない経営」—— 4000 億円の空白市場を切り拓いた秘密』ダイヤモンド社
5. Allenby, G., Fennell, G., Bemmaor, A., Bhargava, V., Christen, F., Dawley, J., Dickson, P., Edwards, Y., Garratt, M., Ginter, J., Sawyer, A., Staelin, R., & Yang, S.(2002). Market segmentation research: Beyond within and across group differences. *Marketing Letters*, 13(3), 233–243.
6. Fennell, G., & Allenby, G. M. (2002). No brand level segmentation? Let's not rush to judgment. *Marketing Research*, 14(1), 14-18.
7. Yang, S., Allenby, G. M., & Fennell, G. (2002). Modeling variation in brand preference: The roles of objective environment and motivating conditions. *Marketing Science*, 21(1), 14–31.
8. 同 1.
9. Sutton, R. S., & Barto, A. G. (2018). *Reinforcement learning: An introduction*. MIT press.
10. 村山幹朗・芹澤連 (2020)『顧客体験マーケティング：顧客の変化を読み解いて「売れる」を再現する』インプレス
11. Kennedy, R., & Ehrenberg, A. S. C. (2001). There is no brand segmentation. *Marketing Research,* 13(1), 4-7.
12. Sharp, B. (2010). *How brands grow: What marketers don't know*. Oxford University Press.(シャープ, B. / 加藤巧（監修）・前平謙二（訳）(2018)『ブランディングの科学：誰も知らないマーケティングの法則 11』朝日新聞出版)
13. 同上 .
14. Tversky, A., & Kahneman, D. (1973). Availability: A heuristic for judging frequency and probability. *Cognitive psychology*, 5(2), 207-232.
15. Binet, L., & Carter, S.(2018). *How not to plan: 66 ways to screw it up.*

Matador. Kindle.
16. 同 12.
17. 同 1.
18. 同 1.
19. Johansson, P., Hall, L., Sikstrom, S., & Olsson, A. (2005). Failure to detect mismatches between intention and outcome in a simple decision task. *Science*, 310(5745), 116-119.
20. Aaker, D. A.(1991). *Managing brand equity*. The Free Press.
21. Keller, K. L. (1993). Conceptualizing, measuring, and managing customer-based brand equity. *Journal of Marketing*, 57(1), 1-22.
22. Bird, M., Channon, C., & Ehrenberg, A. S. C.(1970). Brand image and brand usage. *Journal of Marketing Research*, 7(3), 307-314.
23. Romaniuk, J., Bogomolova, S., & Riley, F.D. (2012). Brand image and brand usage: Is a forty-year-old empirical generalization still useful?. *Journal of Advertising Research*, 52(2), 243–250.
24. 同 12.
25. Sutherland, R. (2019). *Alchemy: the dark art and curious science of creating magic in brands, business, and life*. William Morrow(. サザーランド , R. / 金井真弓 (訳))(2021)『欲望の錬金術：伝説の広告人が明かす 不合理のマーケティング』東洋経済新報社

结语

1. Goodhardt, G. J., Ehrenberg, A. S. C., & Chatfield, C. (1984). The Dirichlet: a comprehensive model of buying behaviour. *Journal of the Royal Statistical Society, Series A (General)*, 147(5). 621-655.

附录

1. McPhee, W. N. (1963). *Formal theories of mass behaviour*. The Free Press of Glencoe.
2. Ehrenberg, A. S. C. (2000). Repeat buying. *Journal of Empirical Generalisations in Marketing Science*, 5.
3. 森岡毅・今西聖貴 (2016)『確率思考の戦略論：USJ でも実証された数学マーケティングの力』KADOKAWA
4. Goodhardt, G. J., Ehrenberg, A. S. C., & Chatfield, C.(1984). The

Dirichlet: a comprehensive model of buying behaviour. *Journal of the Royal Statistical Society, Series A (General)*, 147(5). 621-655.

5. Ehrenberg, A. S. C., Goodhardt, G. J., & Barwise, T. P.(1990). Double jeopardy revisited. *Journal of Marketing*, 54(3), 82-91.
6. Khan, B., Kalwani, M., & Morrison D. (1988). Niching versus change-of-pace brands: Using purchase frequencies and penetration rates to infer brand positioning. *Journal of Marketing Research*, 25(4), 384-90.
7. Graham, C., Bennett, D., Franke, K., Henfrey, C. L., & Nagy-Hamada, M. (2017). Double jeopardy–50 years on. Reviving a forgotten tool that still predicts brand loyalty. *Australasian Marketing Journal (AMJ)*, 25 (4), 278-287.
8. Sharp, B. (2010). *How brands grow: What marketers don't know*. Oxford University Press.(シャープ, B./加藤巧(監修)・前平謙二(訳)(2018)『ブランディングの科学：誰も知らないマーケティングの法則 11』朝日新聞出版)
9. Romaniuk, J., & Sharp, B. (2022). *How brands grow part2: Including emerging markets, services, durables, B2B and luxury brands (Rev. ed.)*. Oxford University Press. Kindle.

未来，属于终身学习者

我们正在亲历前所未有的变革——互联网改变了信息传递的方式，指数级技术快速发展并颠覆商业世界，人工智能正在侵占越来越多的人类领地。

面对这些变化，我们需要问自己：未来需要什么样的人才？

答案是，成为终身学习者。终身学习意味着永不停歇地追求全面的知识结构、强大的逻辑思考能力和敏锐的感知力。这是一种能够在不断变化中随时重建、更新认知体系的能力。阅读，无疑是帮助我们提高这种能力的最佳途径。

在充满不确定性的时代，答案并不总是简单地出现在书本之中。“读万卷书”不仅要亲自阅读、广泛阅读，也需要我们深入探索好书的内部世界，让知识不再局限于书本之中。

湛庐阅读 App：与最聪明的人共同进化

我们现在推出全新的湛庐阅读App，它将成为您在书本之外，践行终身学习的场所。

- 不用考虑“读什么”。这里汇集了湛庐所有纸质书、电子书、有声书和各种阅读服务。
- 可以学习“怎么读”。我们提供包括课程、精读班和讲书在内的全方位阅读解决方案。
- 谁来领读？您能最先了解到作者、译者、专家等大咖的前沿洞见，他们是高质量思想的源泉。
- 与谁共读？您将加入优秀的读者和终身学习者的行列，他们对阅读和学习具有持久的热情和源源不断的动力。

在湛庐阅读App首页，编辑为您精选了经典书目和优质音视频内容，每天早、中、晚更新，满足您不间断的阅读需求。

【特别专题】【主题书单】【人物特写】等原创专栏，提供专业、深度的解读和选书参考，回应社会议题，是您了解湛庐近千位重要作者思想的独家渠道。

在每本图书的详情页，您将通过深度导读栏目【专家视点】【深度访谈】和【书评】读懂、读透一本好书。

通过这个不设限的学习平台，您在任何时间、任何地点都能获得有价值的思想，并通过阅读实现终身学习。我们邀您共建一个与最聪明的人共同进化的社区，使其成为先进思想交汇的聚集地，这正是我们的使命和价值所在。

图书在版编目（CIP）数据

从 0 到 1 的新获客瞬间 /（日）芹泽连著；刘倩译 . 杭州：浙江教育出版社，2025. 7. -- ISBN 978-7-5722-9826-4

Ⅰ. F713.50

中国国家版本馆 CIP 数据核字第 2025Y83C84 号

浙江省版权局
著作权合同登记号
图字:11-2025-094号

上架指导：市场营销

从0到1的新获客瞬间

CONG 0 DAO 1 DE XIN HUOKE SHUNJIAN

[日] 芹泽连　著

刘　倩　译

责任编辑： 史靖靖
美术编辑： 韩　波
责任校对： 李　剑
责任印务： 陈　沁
封面设计： Soutpost

出版发行： 浙江教育出版社（杭州市环城北路 177 号）
印　　刷： 天津中印联印务有限公司
开　　本： 880mm ×1230mm　1/32
印　　张： 8.625　　**字　　数：** 205 千字
版　　次： 2025 年 7 月第 1 版　　**印　　次：** 2025 年 7 月第 1 次印刷
书　　号： ISBN 978-7-5722-9826-4　　**定　　价：** 99.90 元